场景视域下体教文旅融合发展研究

张　旭　于　瑶　著

中国青年出版社

图书在版编目(CIP)数据

场景视域下体教文旅融合发展研究/张旭,于瑶著.
北京:中国青年出版社,2024.11.--ISBN 978-7
-5153-7589-2

Ⅰ.G812;F592.3

中国国家版本馆 CIP 数据核字第 2025NU2953 号

场景视域下体教文旅融合发展研究

作　　者:张　旭　于　瑶

责任编辑:刘　霜　罗　静　邵明田

出版发行:中国青年出版社

社　　址:北京市东城区东四十二条 21 号

网　　址:www.cyp.com.cn

编辑中心:010—57350508

营销中心:010—57350370

经　　销:新华书店

印　　刷:北京联兴盛业印刷股份有限公司

规　　格:710mm×1000mm　1/16

印　　张:9.25

字　　数:128 千字

版　　次:2024 年 11 月北京第 1 版

印　　次:2024 年 11 月北京第 1 次印刷

定　　价:68.00 元

如有印装质量问题,请凭购书发票与质检部联系调换

联系电话:010—57350337

前　言

　　从广义上来讲,体育指的是一种有意识、有组织的社会活动。首先,它将身体练习作为基础手段;其次,它将增强人的体质、促进人的全面发展、丰富社会文化生活和促进精神文明作为目的;最后,作为社会总文化中的一部分,它的发展一方面受到一定社会政治和经济的制约,另一方面,它也服务于一定的社会政治和经济。从狭义上来讲,体育是指发展身体、增强体质、传授锻炼身体的知识技能、技术,也是培养道德和意志品质的教育过程。体育产业的本质是其蕴含的经济价值,给体育产业下定义必须从它的经济价值着手,然后围绕经济属性逐层展开。体育文化的本质是提高人的素质,培养适应社会需求并能服务社会的人,体育文化提高了人类适应自然的能力。

　　近年来,随着生活水平的提高,人们的精神文化需求日益增长。旅游和体育锻炼都是可以缓解人们情绪压力、提升人们心理和生理健康水平的活动。文旅产业与体育产业的融合发展,既能实现产业资源的高度集中提升多产业协同发展的综合质量,也能为民众提供一个更多元化的游玩方向。文化、旅游、体育的交互作用,构成了体育与文旅融合发展的内在逻辑。本书基于不同意义、体验与情感共鸣的场景理论对体教文旅的融合发展进行深入探究,内容包括场景理论概述,体育与体育产业、体育文化的理论辨析,体育文化与旅游产业的融合发展,高校"体教融合"的理论与实践,场景视域下"体教文旅"的融合发展。希望本书的出版有利于建设更加优质的体育旅游专业教学体系,培养出社会需要的高素质复合型体育旅游人才,助力体育旅游产业蓬勃发展。

笔者在撰写本书的过程中查阅了大量文献,在此向文献作者表示衷心感谢! 书中难免有不足欠妥之处,恳请读者朋友们批评指正,谢谢!

目　录

第一章　场景理论概述

第一节　场景理论基础

一、场景理论的起源与演变

社会学对城市的研究最早始于生产的观点,代表人物有亚当·斯密(Adam Smith)、卡尔·马克思(Karl Marx)、阿尔弗雷德·马歇尔(Alfred Marshall)等人。这一范式的学者认为生产要素主要包括土地、劳动、资本和管理方式,应用这些要素来分析城市的发展。

20世纪50年代,区域发展研究的理论范式重视人力资本要素,学者开始把人力资本看作是推动城市发展的重要因素,代表学者包括芝加哥大学经济学教授西奥多·舒尔茨(Theodore Schultz)和社会学教授詹姆斯·科尔曼(James Coleman)。和传统发展经济学学者将土地、劳动、资本和管理作为主要生产要素来解释经济发展的范式不同,他们认为,根据边际递减效应,在经济发展到一定水平之后,还能够促进经济迅速发展的重要生产要素不再是土地和资本存量的增加,而是作为生产者的人的知识水平的提高与专业技能的发展,也就是人力资源的增加。

20世纪70—90年代,在后工业社会的时代背景下,美国的许多城市开始出现中产阶级郊区化的潮流,城市中心区域发展迟缓。20世纪80年代末至21世纪初,随着后工业社会的来临,以生产为导向的传统城市社会学理论逐渐向以消费为导向的一系列研究路径转变。法国社会学家让·鲍德里亚(Jean Baudrillard)在《消费社会》一书中指出:"在消费社会中,我们消费的并不是物的有用性,而是通过消费体现自己的社会地位与身份的过程,因此消费是符号意义体系结构,是现代资本主义社会合理性的根据。"①

　　在场景理论的视角中,20 世纪 90 年代至今,芝加哥社会学派对城市的研究更重视空间的消费属性,这种范式与以资本、土地、人力资源解释区域发展的传统范式并不冲突,它是在前三者的基础上再增加了消费的分析维度。这套新范式的代表人物有芝加哥大学社会学教授特里·克拉克(Terry Clark)、哈佛大学经济学教授爱华德·格莱泽(Edward Glaeser)、多伦多大学的理查德·佛罗里达(Richard Florida)和丹尼尔·西尔(Daniel Silver)等。其中:新芝加哥学派领军人物特里·克拉克及其研究团队提出了"场景理论"(The Theory of Scenes)②。

　　以理查德·佛罗里达为代表的学者指出创意阶层与区域发展的关系。爱德华·格莱泽在《城市的胜利》中提出,在后工业社会的时代背景下,区域发展的优势取决于区域是否能够吸引高素质人群,而区域的吸引力并非完全由经济因素左右,区域能提供的文化取向与生活方式同样是极其重要的影响因素③。理查德·佛罗里达则将高素质人群进一步命名为"创意阶层",这一概念指的是设计师、科学家、工程师等职业,他们有着高度发达的创新能力。他在《创意阶层的崛起》一书中强调,创意阶层等优秀人力资本作为产生创新的主体,既是区域发展的重要推动力,也是社区活力的源泉,因此,该群体对区域的选择意味着未来区域发展的趋势,对区域经济增长和发展至关重要。当下,创新成为区域经济增长和发展的主要推动力,因此创意阶层成为不同国家、地区或区域之间争夺的重要人力资源④。

　　场景理论的范式认同创意阶层理论的主要观点,并致力于解决爱德华·格莱泽尚未回答的问题,即如何让区域吸引并留住以创意阶层为代

①　让·鲍德里亚.消费社会[M].南京:南京大学出版社,当代学术棱镜译丛,2014.
②　吴军.城市社会学研究前沿:场景理论述评[J].社会学评论,2014(02):90-95.
③　理查德·佛罗里达.创意阶层的崛起[M].北京:中信出版社,2010.
④　爱德华·格莱泽.城市的胜利[M].上海:上海社会科学院出版社,2012.

表的优秀人力资本,推动区域的发展。场景理论作为芝加哥社会学派的最新理论范式,继承了芝加哥发展经济学派的观点,并在其基础之上进一步指出区域中文化与消费的属性能够吸引具有较高教育水平的中产阶级人群,进而带动区域的发展。在对场景理论进行系统论述之前,特里·克拉克就已经在他的《作为娱乐机器的城市》一文中论述了文化与城市的关系:文化和消费实践是推动城市发展的重要手段,通过对区域文化场景的塑造可以刺激文化消费,场景能够放大区域的文化特性,达到"1+1>2"的效果,引导身处其中的主体对区域产生更深刻的感受。

二、场景理论的提出

场景理论(The Theory of Scenes)作为芝加哥学派城市研究的新理论范式,距今不过 20 年的时间,主要运用在对大城市的分析中,由特里·克拉克(Terry Clark)及其带领的研究团队提出,建立在对纽约、洛杉矶、芝加哥、巴黎等国际知名大都市进行的实证调查与研究的基础之上。"场景"一词来源于英文"scene",原本是指电影中的某个特定场面中的布景、演员、对白、道具和音乐等元素共同形成的影片所希望传递给观众的信息和感受;在场景中,各个元素之间会形成呼应或冲突等有机关联的关系。芝加哥学派则将该术语纳入区域发展和社会学的研究中,提出了场景理论。

将心理学方法引入城市研究的美国城市规划理论学者凯文·林奇(Kevin Lynch)在他的标志性著作《城市意象》中将"人感知到的城市意象"归纳为道路、边界、区域、节点和标志物五种要素[①]。其中:"区域"这一城市意象要素指的是中等或较大尺度的组成单元,其内部较小的组成单元由于具有一些个性鲜明的共同特征而被观察者所感知。个体对区域的感知和个体的需求及立足点息息相关,因此会形成不同的感知视角。

从消费者的视角来看,个体对于区域中消费符号的感知更为强烈。

---

① 凯文·林奇.城市意象[M].北京:华夏出版社,城市建筑文化系列,2001.

作为消费者的个体更注重在区域中寻求娱乐、休闲等体验,关心消费以及消费行动背后的文化符号。因此,在消费者的视角下,区域具有了"场景"(scene)的属性,是一种以消费行动体现文化和价值观的场域。"场景"不仅意味着一个传统的工作和居住区域,在地理位置上接近且代表着相似文化价值观的多个消费场所组合成了一种场景,这种组合既具有一系列相关服务的功能,也传递着该区域暗含的社会文化和价值观。居住、生产和消费三种理论视角下的城市空间属性如表1-1所示。场景理论研究途径的价值在于能让研究者从不同于居住者和生产者的视角,即以消费者的视角去理解区域发展。

表1-1 居住、生产和消费三种理论视角下的城市空间属性

行动者	需求	物质单元	社会纽带的基础	空间
居住者	生活必需品	家或公寓	邻里关系	邻里/社区
生产者	工作与生产	公司	工作与生产关系	工业园区
消费者	体验	文化与消费场所	价值观	场景

场景理论认为"场景"的基本构成主要包含了以下七种要素:(1)区域空间,指相对于更大尺度的城市、地区而言尺度有限的区域;(2)物质结构,特指生活便利设施、文化与消费场所;(3)多样性人群,来自不同种族、阶级、性别,有着不同的教育情况与文化背景,人群既是社会关系的基础也是文化价值的基础;(4)前三种要素的组合,以及不同元素组合开展的活动;(5)前四种要素所传达出的符号意义和文化价值;(6)公共性,强调场景是开放的,对身处其中和路过的主体产生影响;(7)政策,形塑场景的空间形态与物质结构,对企业、居民、外来者进行吸引或排斥,限制或鼓励活动的开展。在对特定场景进行解释时,需要以全局性的视角进行审视,将场景看作以上七种要素相互作用、共同组成的整体性空间,如果忽视其中任何一个要素,都难以对场景进行完整的理解。

三、场景理论的基本观点

场景理论认为一定数量与类型的文化与消费场所的有机组合能够构成蕴含着不同价值取向的空间和区域,这意味着场景的存在离不开区域

中的文化与消费场所的有机组合,场景中蕴含着特定的价值取向,并将其提供给具有共同的文化符号和价值观的社会成员享用。例如博物馆、书店、咖啡馆等场所作为具有不同功能的文化与消费场所单体,各自蕴含着不同的社会符号意义;当这些单体的文化设施以不同的方式组合之后,又会形成区域特有的文化价值取向,这就是场景传达出的整体性意义。场景不仅体现为物质形态的基础设施,而且超越了物质形态,与一定的空间、人群、活动相联系,体现着区域的文化价值取向。

挪威建筑学家诺伯舒兹(Christian Norberg－Schulz)在论述"场所精神"时指出,人们在空间中进行活动时,会感知空间内的建筑物及环境的文化并赋予其意义,这种文化感知与意义赋予的过程在场景理论中被认为是价值观的生成。[①] 场景理论认为,在现代社会中,消费者个体对消费品的文化价值与符号意义的诉求越来越高,而文化价值一般体现在区域的建筑、风俗、社区和群体活动中。场景不仅为消费者提供物质层面的文化消费实践,还能够为消费者提供精神层面的深层次情感体验,形成一种能够带给特定群体持续性精神体验的"舒适物(amenities)"。"舒适物"一词源于经济学,是一种与消费有关但又很难量化的东西,通常是指使用或享受时能够带来愉悦的商品和服务。对于空间的文化价值的消费具有社会性,这种消费能够体现出对应人群共同拥有的文化价值,因此人群也是舒适区的一种。

场景理论是一个从整体性视角来理解区域及其建设和发展的概念,涉及后工业社会文化及区域发展的研究,试图将对地域文化、创意阶层和区域经济发展的研究结合起来,从而对特定区域中的不同场景以及场景如何影响和推动区域发展进行深入研究。文化活动实践给区域带来活力,消费实践对区域发展的重要性也开始逐渐超越生产,作为文化与消费实践的载体——文化与消费场所对区域经济产生的作用越来越明显。在场景理论的视角下,文化与消费场所不应仅限于被原子化地(atomistical-

---

① 李林,李舒薇,燕宜芳.场景理论视域下城市历史文化街区的保护与更新[J].上海城市管理,2019(1):7－13,17.

ly)理解,因为这些场所作为区域场景的构成元素,本身是区域整体消费体验中的一部分,而消费者真正的消费对象是整个场景。因此,场景理论理解区域的方式,是将单个的文化与消费场所作为场景的组成元素之一,纳入区域发展的总体结构中。

场景理论不仅解释了区域魅力的来源,还提供了为区域吸引高级人才与高净值人群消费者的策略。场景具有的文化价值取向能够吸引相应的群体,场景理论指出,假如区域的场景彰显出来的价值观与创意阶层人才认同的价值观相吻合,就会促使他们选择这一区域进行消费,甚至定居、开展工作,从而催生出高级人才与新兴产业的聚集效应,为区域的经济与社会发展提供动力支持,推动区域的更新与发展。

四、场景的识别与测量

芝加哥学派认为,要深入地理解和分析某一场景,需要从"客观结构"和"主观认识"两个层次进行探讨。场景的客观结构,指的是研究区域中的消费和文化设施的数量、规模以及分布,对于场景客观结构的测量一般通过查阅地图和实地走访来完成。特里·克拉克和他的研究团队在最初的研究中,通过对城市文化和消费设施的调查,发现不同的设施代表不同的价值取向。例如大学城这种图书馆和学校比较多的区域倾向学术研究的价值取向,购物街区的价值取向代表时尚和消费主义,美术馆、画廊聚集的区域意味着对艺术的偏好,政府机关所在区域的价值取向则是正式严肃、具有高度权威性的。

主观认识体系是场景的核心,意味着主体置身于场景中时产生的感觉,以及该场景中的消费实践所蕴含的价值观,这是一种更为抽象的概念,为了测量场景的主观认识,克拉克及其团队将其转化为操作性定义。在芝加哥学派的研究中,主观认识体系被分解为场景的文化价值取向的三个主维度,分别为"真实性"(authenticity)、"合理性"(legitimacy)和"戏剧性"(theatricality)。其中:真实性即对"真"的认识,是对社会个体身份内涵和意义的鉴别,指代人们在特定时间地点基于对场景的感官体验所认同的一系列品质,在场景中该认同建立在对空间原有特征的再现以及场景中受到人群普遍认可的共识或长期延续的传统上,如建筑遗产、集体记忆和社会风俗;合理性即对"善"的感觉,体现了人们为某些社会存在所进行的对错的判断,是对政治统治的信仰以及为某一社会存在或行为的是非判断[①];戏剧性即对"美"的认识,涉及人们看待别人以及被人看待的方式,是一种符号表达手段或由客观材料的冲突引起的美学张力,在场景中意味着运用夸张、矛盾、虚构等象征性方式营造公共空间和其中的活动,创建具有某类主题或情节的社会情境[②]。

真实性、合理性和戏剧性这三个主维度,是场景理论用以分析和解释各种文化与消费场所组合所形成的场景的符号意义与价值取向的初步分析框架。在调查落地的过程中,为了评判一个地区或街区的场景价值取向,他们会对当地居民和消费者进行问卷调查,请他们根据自己对本地产生的印象和感受,对每一项指标进行评分;同时,研究团队还会对不同的文化和消费设施进行不同维度的赋值,计算这三个维度的指标。

五、基于场景理论的设计方法

随着场景理论的发展,从中衍生出的设计方法有很多。在移动端设计领域,"场景驱动设计策略"与"场景设计四部曲"是比较具有代表性的设计方法,两种方法各有侧重,都对后期数字乡村 APP 设计框架的提出提供了一定的参考。

(一)场景驱动设计策略

场景驱动设计策略是 21 世纪初,美国学者 John Carroll 在其提出的场景分类的基础上,结合人机交互的理论提出的设计方法。该设计策略共分为三阶段,分别为需求阶段、设计阶段、评估阶段。

第一,需求阶段。该阶段对应场景分类中的客观场景。在此阶段中,

① 吴军. 城市社会学研究前沿:场景理论述评[J]. 社会学评论,2014(2):90-95.

② 赵炜,韩腾飞,李春玲. 场景理论在成都城市社区更新中的在地应用——以望平社区为例[J]. 上海城市规划,2021(5):38-43.

设计者要客观地描述用户所处的环境,并发现他们的需求。常用的方法有直接观察法、深入交流的访谈法,以及广泛收集数据的问卷法。在此阶段,设计者要保持一个旁观者的角色,客观地收集用户需求。

第二,设计阶段。该阶段对应场景分类中的目标场景。在该阶段,设计者要分析上一阶段中用户的需求,用具体的设计策略来满足用户期望。在具体的产品构建中,可以从活动、交互、信息三个场景来进行设计。

第三,评估阶段。该阶段对应场景分类中的测试场景。在该阶段中,已经设计出了产品的雏形,对于该产品是否真的满足了目标用户的需要,则需要进行可用性测试的评估。在评估中参与测试的用户会对目前的产品提出改善建议,通过建议对产品系统进行更新,直至用户测试基本满意。

基于场景驱动的设计策略非常规范,符合一般情况下 APP 的设计流程,并且注重需求阶段的内容。针对数字乡村 APP 的设计和开发,在业务框架搭建之初,也应借鉴策略中对于用户需求的客观收集,运用多种方法深入细致地了解用户需求,为后期的 APP 功能设计做好铺垫,以达到让数字乡村 APP 的功能真正满足用户的目标。

(二)场景设计四部曲

阿里巴巴 UED 团队作为国内首屈一指的用户体验设计团队。其早在 2016 年就注意到场景对于 APP 设计的重要性,并在《U 一点料》一书中创造性地提出了 APP 设计的"场景设计四部曲"[①]。

1. 场景列举

场景设计四部曲中的第一步就是根据这些元素,对一个完整的流程进行梳理,通过对线上与线下场景的甄别,找出中间关键的场景,并对关键的场景进行描述。

2. 机会点挖掘

在场景的机会点挖掘步骤中,有两种挖掘方式。第一种是对现在场

---

① 阿里巴巴 1688 用户体验部.U 一点料[M].北京:机械工业出版社,2018.

景的分析,找到用户在这个场景中的需求点。第二种是综合上下两个场景的分析,预判用户下一步需求。在机会点挖掘中,可以使用 T 形分析卡片,借助卡片可以对用户的行为、认知、操作三个流程进行分析。

3.设计策略

设计策略这一步是根据前面挖掘的需求给出的解决方案。在方案的制订中要遵循以下三个目标:高效操作、使用贴心、情感化。高效操作是以用户更快完成为宗旨,可以通过直接执行、行动点替换等方式来实现。使用贴心是强调从场景细节出发给予更好的用户体验。情感化是通过与场景关联的设计元素,让用户惊喜感动。

4.衡量标准

最后一步是对前三步方案的一个判断。通过四个衡量标准——期待、高效、感动、惊喜来判断场景设计方案是否合适。

场景设计四部曲与前文的场景驱动设计策略略有不同,它更加强调详细的场景列举,并注重 APP 改良后的用户体验。数字乡村 APP 的设计与开发,除了要客观地了解用户需求大类,还应对 APP 业务流程中涉及的场景进行列举分析,挖掘体验上的设计机会点,使得数字乡村 APP 在满足用户基础目标之上,提供更加具有获得感、幸福感的用户体验。

第二节 场景理论的构成要素与分类

一、场景构成要素

(一)互联网场景构成要素

学术中的场景理论由各个场景组成,而场景又由不同的场景要素构成。在《即将到来的场景时代》一书中,美国学者罗伯特·斯考伯基于当时的互联网场景时代,提出互联网场景的五种原理要素,分别为移动设备、信息数据、社交媒体、功能定位与传感器。[①]

---

① 罗伯特·斯考伯,谢尔·伊斯雷尔.即将到来的场景时代[M].北京:北京联合出版社,2014.

1.移动设备。是建设互联网新场景的基础载体,聚合了其他四种原理,借助互联网成为场景时代中的关键。

2.信息数据。是场景时代中相当于互联网场景空间的"氧气",为场景中的各种功能提供底层支撑。

3.社交媒体。是场景时代中不可缺少的要素,通过与其他要素的结合,社交媒体构成了线上交流空间,提供了丰富的场景内容。

4.功能定位。是场景时代中关于位置的重要因素,通过及时地捕捉用户位置信息,自动提供贴心的数字服务。

5.传感器。是在场景时代中提供可触摸交互的重要因素,通过传感器感知并帮助用户完成操作,可在特殊时刻提供及时的提示。

(二)移动场景构成要素

与美国学者罗伯特·斯考伯不同的是,在《指尖上的场景革命》中,美国学者玛丽贝尔·洛佩兹聚焦于移动设备场景提出的九大要素更加值得注意。[①] 虽然这些要素是构建移动设备服务场景的重要内容,但对于数字乡村 APP 的场景化设计同样有以下启发:

1.位置:该要素根据用户所在位置给出不同的服务,做到对用户的精准预测。

2.时间:在不同的时间段内,用户的需求存在差异。结合用户数据,时间要素会在最合适的时间提供给用户最需要的服务信息。

3.目前的处理状态:通过分析用户的任务进程,提供流畅的任务通道。即使用户未完成任务中途退出,系统依然保留用户当前进度的状态,待用户再次打开时可继续完成任务。

4.设备类型:该要素指要适配不同类型的移动设备,并考虑设备间的差异性,做好不同设备间的交互方式。

5.社会角色与社会关系:社会存在不同的角色,他们对产品的态度看法也不同。通过收集这些数据与观点,可以及时地改善产品,提供良好的用户关怀。

6.环境条件:所处环境的空气质量、湿度等都会影响用户需求。在所

---

① 玛丽贝尔·洛佩兹.指尖上的场景革命[M].北京:中国人民大学出版社,2016.

处的环境条件下给予相应的解决功能,会减少损失并及时提供良好服务。

7.天气条件:天气条件会影响用户的行动。将天气信息与数据结合,可以给用户的行动提供一定的参考。

8.行为状态:每个人都有自己的习惯偏好。通过了解用户的过去与现在的行为习惯,建立用户偏好表,对用户的需求做出最佳响应。

9.移动状态:移动在这里指用户的行动。行动或行动不足可用于定义规范一个体验是否需要被处理及如何被处理。这一要素常用于治疗或器械控制。

综上所述,虽然两位学者从不同的场景维度来阐述场景的构成要素,但他们提出的要素内容有很多相似性,例如用户的定位、数据、状态等。对于数字乡村 APP 的设计与开发,可以参考以上共性要素,结合具体的设计流程,提出针对数字乡村场景的要素指标,为后期的数字乡村 APP 设计的分析提供方向。

二、场景分类

场景具有多面性,不同的划分标准,可形成不同的场景类型。学者喻国明曾根据形式的不同,将场景分为真实的场景、虚拟的场景、增强现实的场景。[①] 而根据美国学者马斯洛对人类需求的层级划分,场景又可归类为实用场景与社会场景。可以说,在学术界场景存在多种多样的划分;在众多的场景划分中,与本课题研究关联度较高的则是美国学者 John Carroll 与学者朱军华的场景分类。

(一)交互设计场景分类

在 21 世纪初,美国学者 John Carroll 基于人机交互理论提出了场景分类,分别为客观场景、目标场景、测试场景。

客观场景。客观场景又称需求场景、物理场景,是人们真实生活的场景环境。通常,交互设计师会对客观场景进行描述,记录下用户的困难与需求。

目标场景。目标场景指实现用户需求目标的场景。在获得用户客观

---

① 喻国明,梁爽.移动互联时代:场景的凸显及其价值分析[J].当代传播,2017(1):10-13,56.

场景中的困难与需求的基础上,运用交互设计分析并设定优先级,从而解决用户的困难与需求。

测试场景。测试场景是对前期目标场景构建合理性的评估。测试场景可对交互设计进行迭代,更好地满足用户的需求。

（二）产品设计场景分类

朱军华在《场景化设计:场景驱动的产品设计与运营》著作中提出了APP产品设计的场景分类,分别为业务场景与用户场景。[①]

业务场景。指客观现实的生活场景,以及一些衍生出来的、有业务和信息传递过程的场景。业务场景可以满足生活中用户的需求,同时是产品的底层业务逻辑,开展并支撑应用业务的模式。

用户场景。泛指在不同的时间、地点、环境下,用户的不同心境、行动与需要。用户场景包含了两个分支,分别为用户操作场景与用户使用场景。操作场景侧重时空,注重用户在何时何地使用产品功能,即操作约束;使用场景注重人物与任务,强调用户在何种情态下完成任务,即行为动机。

综上所述,通过探讨APP设计中的不同场景类型,为数字乡村APP的场景设计提供一定的参考。在数字乡村APP设计中应该结合具体的乡村,从不同的场景类型维度深入分析,通过"互联网＋场景"的方式将众多场景进行融合,以便将数字化服务赋能到乡村地区,真正构建出新创意、高体验的数字乡村APP。

第三节　场景化体验与旅游体验

一、场景与旅游场景

（一）场景理论

场景理论由芝加哥大学 Terry N. Clark 团队提出,逐渐受到国内外

---

① 朱军华.场景化设计:场景驱动的产品设计与运营[M].北京:机械工业出版社,2022.

学者的广泛关注,研究体系初步构建并得到不断完善,应用的研究领域不断拓展。国内外学者结合本土化的研究,对场景理论的研究更深入和多元化。

李和平等指出国外对场景理论内涵的研究更加系统,并在城市政策、文化特征、社区振兴等领域取得丰硕成果。丹尼尔与 Terry N. Clark 认为,场景除了强调特定的活动与地点外,还可以指某个地点的美学意义,具备多重含义;通过识别场景,感受不同地方呈现的美学意义,从而去发现文化生活的聚集。

国内学者彭兰探讨了场景的内容,在日常情境、空间场景、行为场景及心理环境氛围影响下不同人的行为特点与需求特征;郜书锴学者也表示场景主要由场所与景物等硬要素以及空间与氛围等软要素共同组成。

在 2015 年以前,国内学者关于场景理论研究的重点在于理论本身的完善,如徐晓林等基于场景探讨了社区环境、文化设施、文化价值以及人群存在关联性;吴军等认为可以从场景理论的研究视角出发,完善丰富城市转型与发展路径。

场景理论吸引了众多学者将其运用于不同区域、不同类型、不同尺度、不同文化空间的营建与价值增长的研究中。国内学界对场景理论的研究不断加深,研究领域越来越广,研究方向越来越丰富。陈波分析了场景理论的框架维度体系,通过研究文化创意社区来验证框架体系和场景设计。詹绍文等基于场景理论研究文化集群区的发展路径,以北京、西安、长沙为例,对比分析三个研究对象的差异化。

(二)旅游场景

随着场景理论的不断完善,关于场景理论研究的文献逐渐丰富,旅游行业的学者们渐渐将目光聚焦场景理论,场景理论在旅游方面的应用增多。2021—2022 年期间围绕"旅游场景"的文献研究数量迅速增加。大多数文献仅将旅游场景用于研究旅游体验、旅游场景、景区管理、旅游消费等方向或者将旅游场景结合红色旅游、乡村旅游、主题公园、冰雪旅游等主题特色旅游进行研究。

对旅游场景内涵的研究。张国洪对旅游场景研究得较早,他认为旅游文化场景是由旅游环境中的人(旅游者、旅游接待者、旅游地居民等)、文化特质(特殊意义的旅游活动与关系)、时(旅游时段)、地(旅途、旅游目的地、旅游景点等旅游活动场所)等组成。李正欢进一步提出生态旅游场景概念。胡迎春探究工业旅游场景,认为旅游场景的本质是人们通过感觉、知觉、情感、理解和想象,与旅游场所中的空间单体及其元素构成景观相互融合形成。而夏蜀认为在数字化时代,旅游场景是由数字生态、契合平台、服务景观和价值主张等多个要素共同构成的,同时游客也直接参与了体验价值的创造过程。武传震结合自身规划实践经验,认为旅游场景具有差异性、关系性、游戏性、弱竞争性、整体性特征,拥有引导、阐述、集结、管理、治疗等功能。

旅游场景在旅游体验方面的研究。周星从人类旅游学的角度出发,以贵州上郎德寨为研究案例,探究旅游场景下不同少数民族的文化变迁,展示当地的民俗文化发展的动机和过程。陈舒萍以阿那亚文旅社区为例,结合场景理论的真实性、戏剧性和合法性三个维度对文旅社区进行分析,为文旅社区的构建与发展提供可参考的路径。黄琳以乌镇为对象,从景观设施、本地社区、文化活动、多元群体、价值取向五个场景维度探讨文旅融合发展的动力。李慧、张梦以红色旅游体验场景为研究方向,提出完善的体验场景体系,有利于提升红色旅游体验效果。包括建筑外观、内部设计、主题展示三大主题氛围元素反映红色主题精神并创造出沉浸式的体验空间、故事讲解、人际互动和活动参与在内的社会参与元素来提升游客在红色旅游过程中的参与水平。贾蕾以体验经济为研究视角,基于服务场景理论,以古北水镇为例对夜间旅游服务场景的要素、结构特点及游客感知情况展开研究。

旅游场景在品牌营销方面的研究。胡璇以茶旅文一体化为研究方向,提出构建新的茶文化旅游场景,探索场景营销背景下茶文化旅游发展策略。白晓晴、李尽沙立足场景理论,从真实性、戏剧性和合法性角度,在旅游景区建设上提供方向指引,丰富旅游文创的传播场景。刘泽华,黄安民旨在拓展场景理论的使用范围,探索旅游直播空间的建构逻辑,并为旅游直播及旅游目的地营销实践提供参考。张馨瑞通过梳理场景、旅游休闲街区、夜间品牌，借助场景理论的研究体系，分析客对旅游休闲街区夜间品牌的感知，并提出相应的街区夜间品牌提升的策略。

旅游场景在数字科技方面的融合研究。汪妍基于场景理论，对数字文化旅游融合发展进行探索，包括重视文化资源的生产、文化空间的建设和区域联动的整合，形成以数字文化旅游感知舒适物为圆心，以数字文化旅游项目运行与反馈为外层圆的同心圆发展模式。贺小荣、李思琴以湖南省博物馆为例，探索新兴科技的落地和旅游场景的关系，从而提升旅游场景科技应用水平。

旅游场景在开发路径方面的研究。艾佳基于场景理论维度体系，对斗南花市进行评价分析，研判斗南花市发展优劣势，并提出提升建议。刘道璇、李庆雷对夜间旅游场景进行解读发现，夜间旅游场景具有时空性、交互性、整合性和情感化等特征；叙事主题、支撑素材、科学技术、特定人群和时空氛围等是夜间旅游场景的构成要素。唐建兵以成都为例，研究在场景理论下的研学旅游文旅新场景，从而提出研学旅游创新发展新策略。邵明华、杨甜甜以场景理论为基础，阐明场景理论与红色文化旅游的内在联系，探索实现红色文化旅游内涵式发展路径。张莹等运用场景理论分析农村旅游目的地，通过场景要素组合，打造"画里乡村"场景，打造特色活动场景，在场景视域下形成完整的文旅产业体系，促进乡村旅游的高质量发展。齐骥、陆梓欣从场景理论的视角出发，以18个国家级5A及4A夜间旅游景区案例为样本，构建相应的舒适物分析框架，探索城市夜间旅游高质量发展路径。刘静如从场景性体验角度出发，以革命文物旧址为研究对象，探讨其旅游活化的路径。颜谙、刘潇櫺、张静波以湖南省永顺县老司城遗址为例，针对遗址资源利用与居民主体难以获利的困境，从人与社区、人与设施、人与活动三个维度探讨在场景理论指导下的沉浸式遗址旅游开发的路径。纪东东、陈为晓以山东省日照市东夷小镇为例，探索场景理论在旅游小镇发展中的应用实践，以期为旅游小镇摆脱发展瓶颈期、实现可持续发展提供思路。

二、场景化体验

国内外学者对旅游体验方面的研究还较少引入场景理论,但也在不断进行尝试和创新。在现实空间与虚拟空间互换的空间环境中产生的感官交互活动,是受众通过观看现场表演,感官得到直接或间接刺激,审美情趣与现场情景达到共振,便是场景化体验。露营目的地作为旅游场所之一,不仅具有场景包含的各种景观与场所空间,还包含旅游者本身的主体性,因此,旅游者表现出的心理状态是场景不可或缺的部分。旅游体验场景是游客在整个旅游目的地(而非旅游目的地的某些服务场所)所感受到的各种有形、无形环境要素的综合,它包括物理、社会、社会象征和自然四个维度。在旅游领域,旅游者的情感、身体、精神和智力上的参与是游客体验形成的重要因素。体验场景更加强调消费空间的具身性、互动性和参与性,以及在消费者情感和个人意义生成过程中的价值。有学者将创意美食旅游中体验场景维度划分为教育娱乐性、独特性、社会化等维度,考虑了体验的典型特征。也有学者偏向用要素定义旅游体验场景,主要包括游客接触到旅游目的地的氛围要素(如灯光、音乐)、社会要素(与当地居民、其他游客的互动)、社会象征要素(针对特殊的旅游目的地)、自然要素。

三、旅游体验理论

旅游体验理论下的露营旅游目的地的研究主要包含要素论和整体论两个方面。在旅游过程中,旅游者的感知是不断变化的。旅游者获得的信息会与新的刺激要素共同作用,更新对旅游目的地景观的感知。在旅游体验的深入研究中,学者开始注重从整体视角分析旅游体验,不再是简单地针对某个单体旅游景观体验,通过建立起单体和整体的研究关系,可以更好地把握目的地旅游体验。曾诗晴尝试从"构成—场景的双线叙事"

"体验噪声"等范畴来解释城市街区旅游体验的现象,构建旅游者的街区景观体验的一般模型,并在海口骑楼老街的地方街区情境中加以应用、发展,从而构建本土化的城市街区体验理论。钟蔚以具身理论作为研究的基本理论视角,以丰富和拓展旅游体验理论为目标,对五公祠旅游体验进行理论探索。这些研究重点放在了对人的关注上,注重旅游主体的感知,强调旅游者在旅游过程中的体验和价值建构。随着旅游体验研究视角的不断拓展,越来越多的旅游体验研究逐渐转向多感官及身体本身的研究。旅游者以身体线性移动和身体感官的充分调动为基础,获得审美愉悦和肉体痛感的交错变化,从而产生多种情绪和情感的交织变换。

第二章 体育与体育产业、体育文化的理论辨析

第一节 体育的内涵与功能

一、体育的概念

"体育"在国外一般不包括竞技性运动,其含义也比较广。世界上许多著名学者都曾在体育的"育人机制"上对体育的概念进行总结与认识。

原德意志联邦共和国的《体育百科全书》称:"体育是教育和教育学的一个组成部分,其任务是通过运动和游戏激励人们去提高运动成绩和从事有意义的业余活动。体育是全民教育的一个组成部分。"

苏联的《体育百科全书》认为:"体育,整个说来,是教育的一个方面,是身体能力全面发展、形成和提高人的生活中的主要运动技能和本领的有计划的过程。"

《不列颠百科全书》关于"体育"一词的解释是:"体育是关于人体构造身体发展的教育。它包括人体生理功能、力学原理及其运用的研究。"

从以上对体育的认识可以看出,国外在对"体育"的理解上是有一些相同点的。首先,体育是培养和完善人的一种有意识的活动或过程;其次,体育借助的手段一般被称为"身体活动"或"运动";最后,体育不仅是通过身体,还必须是针对身体进行的教育。

依据上述分析,可以对"体育"这一概念做如下定义:体育是以身体活动为媒介,以谋求个体身心健康、全面发展为直接目的,并以培养完善的社会公民为终极目标的一种社会文化现象或教育过程。体育的这一定义

既说明了它的本质属性，又指出了它的归属范畴，也把自身从与其邻近或相似的社会文化现象中区别开来。

体育（广义）是指以身体练习为基础手段，以增强人的体质、促进人的全面发展、丰富社会文化生活和促进精神文明建设为目的的一种有意识、有组织的社会活动。它是社会文化的一部分，其发展受一定社会的政治和经济制约，也为一定社会的政治和经济服务。

体育（狭义）是发展身体、增强体质、传授锻炼身体的知识技能、技术，也是培养道德和意志品质的教育过程。

竞技运动：是指为了最大限度地激发和发挥人在体格、体能、心理和运动能力等方面的潜力，取得优异成绩而进行的科学、系统的训练和竞赛。

身体锻炼：是指以健身、医疗、卫生为目的的身体活动。

身体娱乐：是指为休闲、娱乐而发展的兴趣和爱好，表现为创造性地培养审美能力而进行的身体活动。

广义的体育包括狭义的体育、竞技运动、身体锻炼和身体娱乐几个部分。

二、体育的发展

体育是人类有计划、有意识地满足自身的生存、享受和发展等不同层次需要的社会实践活动。因此，体育总是随着历史的进步和人类社会对体育的需要层次的提高而不断发展和完善的。

（一）萌芽时期的体育

原始社会是人类社会的初级阶段，也是体育的萌芽时期。原始人的生活条件非常艰苦，生产工具十分粗糙简陋，主要是各种石器和棍棒，生产活动主要有狩猎、采集野果、捕捉鱼虾以及简单的农事耕作等。原始人的这些活动，根本目的是生存，不是为了锻炼身体、增强体质。因此，严格地说，这些活动只能称为生活和劳动。

原始人在生产水平很低的情况下，不可能有明确的社会分工，许多社会活动之间还没有清晰的界线。人们当时的跑、跳、投掷、攀登、爬越,既是劳动活动,也是生活技能。这些都是我们现代体育活动的前身。现代体育运动正是从这些活动中发展而来的。

原始社会的教育主要是一些生产技能的传授。年青一代主要是跟随年长者在整个劳动过程和日常生活中接受教育和锻炼,学会走、跑、跳跃、投掷、攀登、爬越等各种最基本的生产劳动和日常生活的技能和本领。而原始的生产技能多是极笨重的体力劳动,因此在原始教育中,体育是主要的内容,很难将原始的教育活动与体育活动分开。

原始人的社会活动,除了生产劳动外,还有其他各种活动。比如为了自卫或参与部落间的各种冲突,各种格斗活动就出现了;为了祭祀信奉的神灵而进行的各种宗教活动,往往以抒发的感情动作来表达对神灵的崇敬,从而逐渐形成了各种舞蹈活动。在各种祭祀性的宗教集会上,往往还举行各种竞技比赛,如古代的奥林匹克运动,就是从祭奠宙斯的集会上进行的各种竞技活动发展而来的;人们在狩猎成功后或在艰苦的劳动后,为了表达内心的喜悦和愉快的心情并寻求乐趣,也经常进行一些集体的舞蹈和有趣的游戏。

人类社会的这些活动,都是体育产生和发展的源泉。原始社会的体育和原始社会的教育、军事、医疗卫生、娱乐、宗教等活动,相互联系、互相促进,共同进化和发展。体育在这一时期的主要特征为平等性、非独立性和直接功利性。

(二)独立形态的体育

原始社会秩序的瓦解是随着私有制的出现而开始的。专一婚制是巨大的历史进步,家庭变为最重要的社会单位之一,它为儿童教育(包括体育)提供了场所。在长期的生产和生活实践中,自然和社会的知识不断积累,生产工具不断改进,生产力不断提高,劳动技能日趋多样化、复杂化。一方面,对人提出了更高的社会要求,即人必须经过学习和培训才能学会使用和制造较为有效的劳动工具,并提高劳动技能;另一方面,由于劳动产品有了一些剩余,就有可能由专人对年青一代实施教育、传授劳动技能以及进行身体训练；同时，人类的思维也有了发展，这就从主、客观两个方面为教育的产生提供了可能性。

奴隶制的产生给社会带来的一个重大变化就是产生了学校。这时，教育（包括体育）才能从生产劳动和社会生活的其他领域中分离出来，逐步形成专门的体系，并在军事、科学技术、宗教和休闲娱乐等活动中得到进一步的充实和发展。

教育是统治阶级培养人才的工具，具有明显的阶级性（包括体育）。自从教育形成独立的体系后，体育始终是教育的组成部分，并作为教育的基本内容之一出现，但这时的体育已不再是过去那种简单地为生存服务的生活技能教育了。在我国殷商时期设立的教育机关——"学官"中，就把射箭作为主要的学习内容。

教育的发展对教育中采用的体育内容、组织方法不断提高要求，从而促进了体育的发展。体育在逐渐形成独立形态的过程中，不仅与教育的发展紧密联系在一起，同时与军事、医学、艺术、宗教、休闲娱乐等活动的发展紧密联系在一起。体育正是在与教育、军事、医疗卫生、艺术、文化娱乐、宗教等活动相互影响和相互作用的过程中，才成为具有自身体系的独立形态。

体育在东西方各自发展的历史过程中，既有共同之处，又各具特色。共同之处是两者都注重体育的教育性和阶级性，并把体育作为一种富国强民的重要手段；不同之处是东方体育崇文尚柔、以静养生的成分要多于西方，西方体育更多地提倡运动和肌肉健美、体格强壮。总之，与萌芽时期的体育相比，形成独立形态的体育体现了较强的教育性和阶级性，它的竞技性、健身性和娱乐性也大大强于萌芽时期。

（三）渐成科学体系的体育

17世纪中叶，人类步入资本主义社会。与这一历史时期相适应的体育，也随着资本主义的兴起而迅速发展。19世纪，由于资本主义发展的不平衡和民族主义的倾向，西欧各国之间接连发生战争，使各国认识到对人员施以身体训练使之适合服兵役的重要性。正是强国强民的需要，迫使各国对体育加以重视,因而相继出现了"德国体操之父"——古茨姆斯,德国"社会体操之父"——杨氏和瑞典的林德福尔斯等体操领袖。他们的理论著作(古茨姆斯著有《青年人的体操》,杨氏与人合著了《德国体操》,林德福尔斯著有《体操的一切原则》)和体育实践经验,不仅受到本民族的欢迎,成为本国人民的共同财产,还流传到欧、亚、美各洲,推动了世界体育运动的发展。

正当欧洲各国纷纷推广德国和瑞典的体操运动时,英国却由于其独特的社会条件,兴起了符合自己民族特色的户外运动、娱乐和竞技运动。例如英国以海军立国,最早实现的工业革命,促进了生产的发展,人们的工作时间缩短而余暇时间增多,加之气候温和,人们有条件参加户外丰富多彩的体育锻炼,如射箭、羽毛球、板球、保龄球、曲棍球、橄榄球、足球、游泳、网球、划船、田径赛、高尔夫球、登山、滑冰和滑雪等。英国人认为,参加户外运动是一件理所当然的事,是人生的一部分。

随着英国殖民主义的扩张,英国的户外运动、娱乐和竞技运动,逐渐在美国以及许多其他国家得到传播。这时,人类的体育有如下特点:体育开始形成科学体系,将近代科学的研究成果作为体育发展的理论基础(通常人们习惯上把具备了一定科学体系的体育称为现代体育);体育运动已具有强烈的竞赛性和较广泛的国际性;体育运动项目和规模都远远超过了封建社会和奴隶社会;体育已成为学校教育的重要组成部分。杨氏体操、林氏体操和英国的户外运动与竞技运动,被称为现代体育的"三大基石",为现代体育的产生和发展提供了重要的理论与实践基础,美国现代体育的兴起稍晚于英国,但发展迅速,对现代体育的发展和完善起到了重要作用。

三、体育的本质

现代体育的本质,是体育学的一个最基本的概念。国内、国外对什么是体育众说纷纭,因而对体育概念和本质的研究成为体育理论研究的一个重点和热点问题。研究者认为,确定体育的概念要遵循以下三个原则:

一要反映体育的本质,二要有辩证发展的观点,三要以体育实践为出发点。体育概论著作将体育定义如下:是通过人体运动——运用体力和智力相结合的运动手段,作用于人类个体和社会,取得物质与精神文明相统一的综合效果的社会活动过程。有的人则认为体育是以身体运动为基本手段,为增强体质、完善人体的教育过程。

体育的本质是体育内在的规律性,表现为体育的属性。国际体育联合会 1970 年制定的《世界体育宣言》认为:"体育是教育的一个组成部分;它要求按一定的规律以系统的方式,借助身体运动和自然力的影响作用于人体,完成发展身体的任务。空气、阳光和水等在这里作为特殊的手段。"因此,可以认为体育是教育的一个组成部分,它的本质就是以各种运动为基本手段,是发展身体、增强体质的一种教育。

四、体育的功能

体育的功能是指体育对人类自身及社会的作用,它是在体育的生物效应和社会效应上衍生出来的,是动态的。一般来说,体育的功能可分为基本功能和派生功能。基本功能是体育本身固有的功能,任何一种形式的体育,都具有教育、健身和娱乐功能。所谓派生功能,是我们利用体育手段能够达到的某种目的,即通常所说的政治、经济、文化和社会功能。

(一)健身功能

强身健体是体育的本质功能。体育是通过身体直接参与运动,各器官系统在一定的强度和量的刺激下,发生的身体形态结构、生理机能和生物化学等方面的一系列适应性的反映。这种"适应性反映"对肌体产生的积极影响,有利于促进人类增强体质,防治疾病,提高肌体的工作效率。

第一,通过适当的体育活动,可以改善和提高人类肌体中枢神经系统的功能,改善大脑的供血状况,延缓脑细胞的衰老;可以改善和提高心血管系统的功能,使心脏输出血量增加,安静时心搏徐缓有力,出现"节省化"现象;可以改善人体呼吸系统的功能,使呼吸肌发达,呼吸深度增加,气体交换率提高,吸氧量增加;还可以促进和改善人体运动系统的功能,促进骨骼关节、肌肉的生长发育和身高、体重的增长。经常参加体育运动，能使骨骼变粗、骨密质增厚，骨骼抗弯、抗压、抗折能力增强；使肌体纤维增粗，肌肉收缩有力。

第二，经常参加体育运动，可以调节人的情趣，锻炼意志，提高肌体对环境变化的适应能力以及肌体防病、抗病能力，推迟衰老，延年益寿。

(二)教育功能

体育的教育功能是最本质的功能。从原始社会出现的萌芽体育开始，体育一直是作为教育手段流传于世的。人类的生活经验是多方面的，经验的发展和充实，代表着生活能力的提高。人类为了获取猎物和防止外来侵略，学会了准确地投枪和投掷石块，这是人类生存的需要。现代竞技运动中的跑、跳、投等项目仍留下这一教育的痕迹。改造自然界是人与一般动物最显著的区别。在原始社会改造自然界，主要靠人类本身的体力、智慧和一些简单的劳动工具。增强体力和掌握劳动技能，就必然带有教育的性质。在古希腊哲学家亚里士多德的教育思想中，体育、德育、智育是互相联系的。智力的健全依赖身体的健全，因此体育应先于智育。在我国古代的教育中，以"六艺"(礼、乐、射、御、书、数)为主要内容，其中射、御均有体育的显著内容。在古希腊的学校教育中，奴隶主子弟从小学起就要接受严格的体操和军事训练，学习角力、竞走、跳高、掷标枪和游泳，其目的是长大后成为军事统治者。

当今时代，各个国家或地区均强调德、智、体的全面教育。尽管存在教学内容的差异，但体育总是教育不可缺少的组成部分。体育在传授生活技能、教导社会规范、培养竞争意识、提高适应能力等方面发挥了巨大的作用。随着现代社会的发展，现代体育并不仅局限在学校体育，在竞技体育和社会体育中，均显示出体育的教育功能。如竞技体育的训练本身就是教育的过程，竞赛的过程更具有广泛的教育意义，通过竞赛培养国人的爱国主义热情，培养顽强拼搏、无私奉献的精神；在社会体育中，学习、健身、娱乐、保健等技能，都含有教育的因素。现代体育的目的已不只是锻炼身体、促进生长发育、增强体质、提高素质、掌握技能，而是重在培养终身从事体育锻炼的兴趣和习惯，以改善生活方式，提高生活质量，适应现代社会发展的需要。

(三)体育的娱乐功能

体育的娱乐功能较早地被人类认识和利用。"娱乐身心"恰当地说明了体育的娱乐功能。原始社会，当体育已具雏形时，人们就在渔猎闲暇时进行游戏和嬉戏活动，借以消除疲劳、宣泄情感，潜意识地利用了体育的娱乐功能。《帝王世纪》曾载，"击壤而歌"，恰是记录了原始人在休闲时伴之歌唱的一种游戏活动。《太平清话》则记载着始于黄帝时代，用于调节兵士生活的蹴鞠游戏。体育形成早期，即古代开展民族和民间体育阶段，一些娱乐消遣的身体活动、游戏通常在节日庆典、宗教仪式和技艺表演中出现，它对丰富和调节人的生活起着重要作用。欧洲文艺复兴时期，新兴资产阶级和人文主义者以"改善和提高人类生活"为宗旨，大力提倡开展娱乐消遣活动，且利用多种体育娱乐手段，广泛开展社交活动。以竞争体育为主体的奥林匹克运动，人们最先看重的也正是体育"畅心所欲"的娱乐作用。

随着物质生活质量日益提高，精神生活也开始受到人们的重视，人们的业余体育活动和文化生活日渐丰富。现代大都市生活让人远离大自然，而从事体育活动，如游泳、爬山、越野跑等不仅调节了紧张的生活，还使人们重返大自然，在大自然中陶冶情操。此外，从事一些惊险体育项目——攀岩、蹦极和汽车越野，不仅可挑战人体自身极限，同时又向大自然挑战，从中体验了人生价值与乐趣。现今，我国人民的"全民健身"计划正在实施，人们正寻找适合中国国情的最佳体育娱乐方式，以便更好、更快地消除学习、工作中的疲劳，使心境、情绪调整到最佳状态，以净化情感、享受生活乐趣，达到健康与长寿的目的。

欣赏高水平体育比赛，已经成为人们日常娱乐消遣的重要组成部分。经常欣赏体育比赛与表演，诸如体操、艺术体操、跳水和花样游泳等一些充满运动美感的项目，从中得到美的艺术享受的同时，也可得到美学教育。

(四)经济功能

在当下社会,体育的经济功能已被众多人认识和接受。在社会主义市场经济条件下,体育社会化、体育产业化已成为我国拉动市场经济增长的重要组成部分。体育经济收益主要渠道如下:体育产品生产,体育产品经营业,体育彩票业,体育转播权,体育场馆经营,体育娱乐服务,体育饮食服务业,体育旅游业,体育人力资源开发,体育建筑业,体育信息、广告、报业,体育训练及培训服务业;等等。

(五)文化功能

体育本身就是社会的一种文化现象。体育文化是现代文明的标志,主要从大众媒体的传播、体育服饰、体育竞技、民间体育、体育表演、体育建设等方面反映一个国家的文明程度。体育还是一种高尚的文化生活,它与欣赏音乐、舞蹈、艺术、文学有着不解之缘,它是人类文明与智慧的结晶。

第二节　体育产业的内涵与功能

一、体育产业的界定与内涵

"产业"一词来源于英文"industry"。"industry"意思是,制造或生产(的部门)、工业、企业、行业;提供服务的商业性部门,如饮食、娱乐、旅游等。《辞海》对"产业"的解释如下:私有土地、房屋等财产、家产;各种生产、经营事业,特指工业。"产业"的中英文表述不尽相同,但都有"国民经济的各行各业"的含义,即社会所有生产、经营的部门和行业。由此可见,产业与生产、经营等经济活动有关,属于经济学范畴。从广义上来讲,产业泛指所有与生产、经营活动有关的部门和行业;从狭义上来讲,产业是指具有某种同类属性的经济活动的行业和部门,具有规模化特点。

产业是随着社会分工的产生及其不断发展而形成。原始社会的新石器时代,农业从畜牧业中分离出来,成为独立的农业产业部门;原始社会末期至奴隶社会初期,手工业和农业分离,形成了专业工匠阶层,手工业成为一个独立的产业部门;原始社会向奴隶社会过渡时期,商业和其他产业部门分离,专门从事商品买卖的商人阶层逐渐形成,商业开始成为一个独立的产业部门;工业革命后,工业又成为一个独立的产业部门。随着生产力的进一步发展,社会分工也进一步拓宽和深化,表现为新兴产业部门不断出现和各产业内分工越来越细。农业内部先后形成了种植业、牧业、渔业、林业等产业部门;工业内部由于技术的不断进步,纺织工业分离出服装加工业,钢铁工业分离出机械工业;商业内部进一步细分为零售业、批发业、对外贸易等行业。

社会分工的细化形成了多层次的产业概念,1935 年澳大利亚经济学家费歇尔在《安全与进步冲突》一书中,系统提出了三次产业的分类方法,经过英国经济学家克拉克和 1971 年诺贝尔经济学奖获得者库兹涅茨的继承和发展之后,逐渐被世界各国接受,并成为世界通行的统计方法。1985 年,我国经济统计开始采用三次产业分类法,国务院颁发了《国民生产总值计算方案》,首次把体育事业列入第三产业,即"为提高科学文化水平和居民素质服务的部门"。1992 年 6 月颁布的《关于加快发展第三产业的决定》中,再次明确把体育列为第三产业。2003 年 5 月起,我国实施了新的三次产业划分规定。所谓三次产业分类法,就是把全部的经济活动划分为第一产业、第二产业和第三产业。规定指出:第一产业是指农、林、牧、渔业及相关的服务业;第二产业是指采矿业,制造业,电力、燃气及水的生产和供应,建筑业。第三产业是指除第一、第二产业以外的其他行业,批发和零售业,住宿和餐饮业,金融业,房地产业,租赁和商务服务业,科学研究、技术服务和地质勘查业,水利、环境和公共设施管理业,居民服务和其他服务业,教育、卫生、社会保障和社会福利业,文化、体育和娱乐业,公共管理和社会组织,国际组织。从我国新实施的三次产业分类法可见,体育作为一项产业被列入第三产业中,体育产业已经成为国民经济的组成部分。

(一)体育产业的界定

1.国外关于体育产业的认识和界定

体育产业发展至今有较为短暂的历史,关于体育产业的理论研究尚未成熟,研究者对于体育产业的理解和界定远没有形成统一的认识。国外发达国家体育产业发展早于我国百余年,但对于体育产业概念的理解,因认识角度不同而提出了不同的概念。而我国体育产业一词的提出历史较短,关于体育产业的概念尚处于初步摸索阶段。因此,对于体育产业的确切界定也是众说纷纭,目前还没有达成统一的认识。

体育产业经济属性是指从体育消费的观点分析体育产业的经济属性,即体育产业的经济属性,主要表现在物质性和服务性的生产和经营活动的统一上。国内一些学者也持相同观点,他们从"赢利论"或"消费论"的角度来阐释体育产业,认为体育产业经济属性就是它在市场上的可获利性,而跟它与哪个产业混合无关。

2.我国理论界关于体育产业的认识界定

我国学者对体育产业概念的认识大致分为以下四种:一是体育产业就是服务业,根据体育产业被划归为第三产业而提出;二是体育产业就是与体育运动有关的一切生产经营活动,体育产业的本质是体育事业中蕴含的经济价值;三是体育产业指体育事业中可盈利的那一部分,该观点认为,体育事业并不能在整体上被界定为体育产业,能够称为体育产业的只是体育事业中既能进入市场,又能够切实盈利的那一部分,而不能进入市场、必须靠政府财政支持的项目只能叫事业;四是体育产业就是社会主义市场经济体制下运行的体育事业,是体育事业由传统的计划经济体制转到社会主义市场经济体制下的称谓。该观点认为,发展体育产业就是发展体育事业,以发展体育事业为基础,不能抛开事业去办企业;另外,体育投入要由政府和社会共同承担,并逐步过渡到以社会投入为主。

以上对体育产业概念的界定和认识,是从各自研究的角度和层面来阐述的,为体育产业一词的科学解释提供了有益的思路和借鉴。

全面地理解体育产业的含义,先要从其本质谈起。体育产业的本质是其蕴含的经济价值,给体育产业下定义必须从它的经济价值着手,然后围绕经济属性逐层展开。供给与需求是经济发展的基石,人们有健康的需求,而体育的健身功能正好迎合了人们的需要。人们需求的不断扩大,导致市场混乱无序,便出现了相关的经营、管理部门规范市场以达到公平竞争的目的。随着时代的发展,人们生活水平的提高,需求不仅扩大,还呈多样化发展趋势,单一的供给不仅满足不了人们的需要,还制约了体育的发展,由此部门也相应发生了变化,纵向在不断延伸,层次增多,横向不断扩展,联系加大,同层次的部门之间分工愈加细化,出现了多样化的规范而有序的供给。由于体育的社会化功能日趋加大,体育本身的供给已不能满足市场的需要,因而与体育供给相关的行业和部门都加入体育市场中。

从产业的概念得知,它是指从事生产、经营活动的部门,而不是指具体的经营活动。体育产业是体育及其相关产业的总称,它是与国民积极健康的休闲生活方式密切相关的产业,是典型的生活方式产业。一直关注着国内外体育产业发展情况的鲍明晓教授有着自己的解释,他认为体育产业是以体育健身休闲、体育竞赛表演和体育用品制造与销售为主营业务,同时对旅游、商业、会展、建筑、通信、新闻出版、广播电视、游戏动漫、网络等产业具有显著拉动和辐射作用的综合产业链。

如果按照传统的产业界定方式来研究,很难准确地划定体育产业的边界,因为产业经济学的研究更多地强调供给方面的因素,而能够提供体育产品的企业往往已经被划入社会某些行业领域。尽管理论界对此存在疑问,但时代已经把满足人类的体育需求推到了经济和社会发展的前沿。体育产业发展势头迅猛。因此,对于体育产业的认识,我们不能用传统的理论来束缚思路,而应建立一种复合型的新的产业观,探求其形成和发展的内在规律,更好地促进体育发展,提升生活品质,促进国民经济的不断增长。

综合以上分析,体育产业是指以体育为核心建立起来的,围绕推广体育的经济价值而形成的从事生产和经营活动的组织和部门。它包括以下三个含义：

第一，体育产业不仅指体育的行业和部门，还包括与体育行业和部门相关的其他行业和部门。现代体育的发展与人们的日常生活息息相关，体育一词的内涵和外延不断扩大和延伸。体育用品的生产、体育设施的制造不局限于体育行业和部门，而是延伸到第二产业的纺织业和制造业等部门；围绕体育场馆形成和发展起来的住宿和餐饮业、现代新兴的体育旅游业等都属于体育行业和部门的管辖范畴。

第二，体育产业具有规模化、集群性特点。市场经济体制下运行的商业化社会，任何一项事物和现象本身都具有商品性特征，都有可能被具有创造力的商人进行开发和利用，但最先发现其经济价值而进行经营取得丰厚利润的个体经营者或企业，并不能称为产业，只有更多的个体或企业参与并形成了一定的规模以后，才能称为产业。同理，单纯的体育经济现象构不成一项产业，只有把众多的体育经济活动组织在一起，形成一个经营性行业和部门，才能发展成为一项产业。

第三，体育产业研究的不是如何具体地进行商业性运作，而是指能够开发经营的部分。现代社会的整体行业分工越来越集中，但某一行业的内部越来越细化。开发与经营同属于经济学，但具有不同的含义和范畴。开发是指研究未知领域的经济价值，发现经济活动规律的特点，属于产业学范畴。而经营是指预先制定策略，通过各种方法和手段最大限度地挖掘未知领域的商业价值获得最大的回报，属于营销学范畴。体育产业是指用来经营的体育行业和部门，它研究的是部门和行业的经济活动特点和规律，目的是发现其具有的潜在的经济价值。

(二)体育产业的内涵

1.体育产业是经济学的分支

经济学分为理论经济学和应用经济学，产业学属于应用经济学中的二级学科，产业学以理论经济为基础，研究产业经济活动的条件及其形成因素，阐述产业的组织、结构、分布演变的一般规律，探讨制定产业政策的理论与方法，用以指导产业的运行和发展，具有鲜明的实践性和应用性。

体育产业是产业学的一个分支,专门研究体育活动中的经济现象,充分挖掘体育活动的商业价值及如何最大限度地将体育的资源转化成经济效益。它不同于宏观经济学只研究国民经济总量,也不同于微观经济学只研究企业生产和家庭消费的行为,它填补了宏观经济学和微观经济学之间的空白,即中间产品的生产与交换的关系。

2. 体育产业属于体育人文社会学

1996 年,按照全国哲学社会科学规划办公室的设置,国家技术监督局编制的最权威的国家标准 GB/T13745－92《学科分类与代码》中,将我国学科体系分为五大门类,即自然科学、医学、农业科学、工程技术、人文与社会科学,体育学被列为人文与社会科学类一级学科(一级学科包括哲学、政治学、社会学、法学、中国历史、考古学、宗教学、中国文学、语言学、图书馆情报文献学、人口学、教育学、艺术学、军事等 24 个学科)。1997年,国务院学位委员会颁布的授予博士、硕士学位和培养研究生学科专业目录中,将体育学分为 4 个二级学科,即体育人文社会学、运动人体科学、体育教育训练学和民族传统体育学。体育产业属于体育学的二级学科体育人文社会学。

3. 体育产业是体育学与产业学的交叉学科

体育学是从整体上研究体育的基本特征和基本规律,产业学研究的是各产业部门之间的内在联系和共性。体育产业并不是把体育学和产业学简单地合在一起,而是将它们有机结合,运用产业学揭示的基本理论和方法研究体育活动中经济现象的规律和特点,指导体育活动的产业化如何进行发展。

4. 体育产业是一门具有广阔发展前景的学科

体育产业是一门新兴的边缘性学科。丰富的物质生活产生了巨大的体育市场需求,体育的经济功能发挥出越来越重要的作用,表现在体育产业的经营收入逐年上升,现已成为国民经济新的增长点。然而,体育产业学却是一门年轻的学科,关于体育产业研究的理论和方法还有诸多待完善的方面,对现代的体育经济活动还不能进行有效的指导,而不断发展的体育产业有许多新情况、新问题有待解决,体育产业还有不可估量的潜力尚待开发。以上种种确定了体育产业具有广阔的发展空间。

二、体育产业的内容分类

体育产业在发达国家已经发展了近 150 年,早已有了成熟的分类标准。有些人也许会认为国外体育产业内容的划分不符合中国的实际国情,对国外的体育产业划分持有怀疑态度。因此,国内许多体育经济研究学者不断提出新的观点,但许多研究只是停留在行业数量增减的争议上,并没有突破国际上早已成形的体育产业内容划分。为了少走弯路,我国体育产业有必要借鉴外国的成功经验。创新是发展的不竭动力,但创新不是凭空产生的,而是在继承前人的基础上进行的。我国发展体育产业必须勇于继承、善于继承,继承是为了发展,继承是为了创新,没有继承,创新就没有基础,发展就没有动力。在我国体育产业发展的征程中,有必要借鉴国外发达国家的体育产业内容是如何分类的。

(一)国外体育产业内容分类

国外对体育产业的理解遵循消费决定论的原则,即体育消费决定体育市场,体育市场决定体育产业。政府和各类体育企业都非常重视启动体育消费的需求,拓展消费领域。所以,国外体育产业链已相当完整,基本形成了包括核心产业、中介产业和外围产业三部分的完整结构。

核心产业包括职业体育业、竞赛表演业、健身体育业、休闲娱乐业、咨询培训业、体育博彩业、体育空间设施业、体育科技业等。

中介产业包括体育经纪业、体育传媒业等。

外围产业包括体育用品业、体育旅游业、体育赞助业、体育广告业等。

核心产业、中介产业和外围产业三部分构成了一个完整的体育产业链,但各个部分所包含的具体内容却在不断发展变化。时代在发展、社会在进步,人们对体育的需求也在不断地增加,市场必将逐步扩大,会有越来越多的产业内容填补到各个部分中,而原有的各部分内容也有可能不适应社会的需要而被合并或淘汰。

(二)我国体育产业内容分类

根据目前国内已经公布的体育产业分类研究成果,有各种提法,但基本上都是将体育产业分为三大类。我国关于此类研究的代表性人物提出的划分方法具体如下:

中国国家体育总局副局长张发强先生将体育产业分为以下三大类:第一类为体育主体产业,即以发挥体育自身的经济功能和价值的体育活动内容,如竞技表演、健康娱乐、咨询培训、体育彩票和无形资产;第二类是为体育活动提供服务的体育相关产业,如体育器械及体育服装;第三类是为体育部门开展的旨在弥补和推动体育事业发展的其他各类活动。

北京体育科学研究所赵炳璞将体育产业划分为以下三大类:第一类是体育产业,指由体育部门归口管理、发挥体育自身价值和功能、以提供体育服务为主体的体育生产经营活动,如竞技体育产业、群众体育产业、体育场馆产业、体育科技产业、体育无形产业;第二类是体育相关产业,指与体育有关的其他产业经营活动,如场地、器材、用品、服装、传媒等;第三类是体育内部产业,指从事体育工作的人员,在分工、分流后所办的产业,如体育部门利用体育部门的人、财、物的条件,所从事的其他各类生产经营活动。

我国《体育产业发展纲要》中指出,我国的体育产业包括三部分。一是体育主体产业,指由体育部门管理的、发挥体育自身价值和功能的、提供以体育服务为主的体育产业经营活动,如竞技体育产业、群众体育产业、体育彩票和体育赞助等;二是与体育相关的其他产业的生产经营活动;三是体育部门为创收和补助体育事业发展而开展的体育主体产业以外的各类生产经营活动。从体育产业体系的角度来划分,体育产业可以分为主体产业和相关产业两大类。主体产业指体现和发挥体育自身经济功能和价值的生产和经营活动,主要有体育健身和娱乐业、体育竞赛和表演业、体育培训和咨询业、体育资产(有形和无形)经营业等。体育相关产业指与体育密切相关或以体育为载体向社会提供服务的经营活动,主要有体育彩票、体育旅游、体育用品、体育新闻与媒介、体育广告、体育建筑、餐饮、运输业等。

第三节 体育文化的内涵与功能

一、体育文化的界定

关于体育文化,不同时期、不同国家的学者有不同的理解与阐释。20世纪,人们对体育文化的理解更加多元化。有人认为体育文化就是身体锻炼,有人认为体育文化是促进健康和增进体力的体育运动体系,也有人认为体育文化是用科学、美和生命的规律来解释的文化表现等。1974年,国际体育名词术语委员会主席尼古·阿莱克塞博士在《体育运动词汇》一书中指出,体育文化是广义"文化"的一个部分,是各种利用身体练习来提高人的生物学和精神潜力的范畴、规律、制度和物质设施的总和。我国学者认为,体育文化是人类在所有的体育现象及促进体育发展的活动中,在价值观念、精神状态、情感倾向等层面,在理论认识、方法手段、技能技术等层面表现出来的思维方式,以及在有意识的实践活动中表现出来的行为方式的总和。根据上述观点并结合体育的概念,笔者认为,只有当人们把体育运动作为一种形式和手段,有目的性、有选择性、能动地挖掘人体潜力并促进身心全面发展的社会实践活动后,体育运动才具备体育文化的意义。

二、体育文化的本质

作为人类文明象征的体育文化,其核心和灵魂是"人",从体育文化、生命文化和人类起源关系的角度看,军事、宗教、教育、游戏等都是晚于体育文化产生的。可以说,体育文化的本质是提高人的素质,培养适合社会需求并能服务社会的人,体育文化提高了人类适应自然的能力。人在生理体质上的纤弱性,使得人只能以群体的形式在自然界中进行生命活动,体育作为提高人的肉体能力的手段,对于提高人的斗争和生存能力具有无可替代的作用。这一过程形成了人的物质活动、精神活动及群体生活；同时，人类有目的的生产和劳动活动，形成了区别于动物的"对象化"特征，人与外界形成的具有对象性特征的关系的总和，便成为人的本质。从原始社会到当今高度发达的工业社会，在形式上脱胎于生产劳动的体育，在人类劳动造就人类对象性特征的过程中，在促进人的本质发展方面一直起着重要作用。从人的主体性和本性看，一方面，体育文化通过锻造身心健康的人和积极向上的社会精神风貌，为人的主体性提供良好的前提条件；另一方面，体育文化又使人的主体性受到制约，反对不文明的体育行为，将人的体育行为导向文明范畴。

三、体育文化的特性

(一)体育是一种文化

首先，体育是人类把握世界的一种内容和方式。体育无疑是人类自我控制和调节机能的一种形式，最基本的手段是通过身体活动对人体机能进行再创造，从而改善人类自身；同时，体育通过改善人的身心发展状况和提高人对自然的控制能力，为人的生存和发展需要创造了双重条件。

其次，体育是人类推动社会运行的动力和中介。体育文化以提高人的肉体能力为基本任务，具有提高人的生存、发展能力的独特作用；体育文化对引导、控制和协调人们的社会交往、娱乐、健身等活动具有社会性意义。在此基础上，体育文化促使人的自然属性与社会属性达到统一，实现了情与理、灵与肉的和谐。

最后，体育是人类创造精神财富的载体和标志。体育文化使人的物质活动和精神活动紧密相连。

(二)体育文化的特性

体育文化作为一种社会文化，除了具备上述一般文化的特征外，还具有一些与其他文化不同的特性，具体表现在以下六方面。

1. 主体与客体的同一性

人类的各种文化活动，根据活动的作用对象不同可分为物质文化、制度文化和精神文化,分别作用于自然、社会、人。体育文化作为文化的一种,其作用的对象是人,但人既有自然属性,又有社会属性。因此,体育文化最基本的特征是人的活动主体与客体的同一性。

2.身体表征和传承性

体育文化是一种非语言文字,在运动教育中多采用身体动作,尤其是体育比赛,展现了以身体表征和传承的人体文化特征。

3.较易理解的亲和性

由于依托最基本的人体活动,体育文化往往比较容易被人接受,并超越民族、阶级、社会制度、宗教信仰等,表现出很强的亲和力。

4.超越和动感的竞争性

由于竞赛的普遍存在,体育文化往往表现为一种身体技艺的对抗竞赛,超越与竞争一起形成体育文化的一个生命机制。

5.表现和评价的直观性

体育活动公平、公正、公开的原则以及成绩评价的直观性,是体育的生命活力所在,也构成了区别于其他文化的体育文化精髓。

6.参与和实现方式的多样性

体育活动的身体性特征,构筑了参与体育活动的群体、目的、时空、内容、方式以及效果的多样性。

四、体育文化的功能

体育文化是社会文化在体育活动中的一种独特的文化形式,其内容与形式、结构与功能都有着特殊的规定性和表现形式。

(一)体育文化的基本功能

1.控制功能

控制功能是指体育文化对体育系统的活动进行自觉或不自觉的控制,从而使体育系统的活动沿着一定体育文化的取向运转。主要表现如下:规定体育组织的价值取向,确定体育组织的明确目标,规定体育参与者的行为准则等。

2.凝聚功能

凝聚功能是指体育文化为全体参与者确立,产生凝聚力,提供凝聚剂,从而使他们紧密团结在一起,为了实现共同的目标,追求共同理想,同心协力,开拓前进。体育目标文化、体育团队意识、体育价值取向、体育共同理想等发挥凝聚功能。

3.运作功能

体育文化的运作功能包括其自身的发展和推动体育系统的发展两方面。对体育文化发展有促进作用,一是体育文化对生态系统、体育活动和社会进化的适应;二是文化间的传播。内部促进因素有体育文化内部的求新、求全机制,体育文化的求效、求优机制,体育文化系统的完备性和自治性机制,这些因素相互交织起作用。

(二)体育文化的时代功能

1.国际政治的平衡器

新时期、新挑战,和平与发展仍是世界发展的主题,中国自古以来就讲究以和为贵,以德服人。各国之间通过国际对话消除分歧,通过交流达成共识,通过合作共同进步,和平外交成为新时期的主流意识。一个国家要想长远发展,必须积极克服消极因素,发挥积极因素的推动作用,遵守国际法则,实现国家间友好发展,民族间团结一致,人与人和睦相处,这就是所谓的和平外交。然而,和平外交不仅依靠国家强大的军事、科技和经济来维持,还需要国家的文化软实力,体育文化在其中扮演着至关重要的角色。体育文化在国家政治方面的影响,表现出其独特的优越性,体育文化倡导公平竞争,内外兼顾,刚柔相济。根据国际法规定,当国家间出现紧张形势时,体育可以作为国家外交的一种方式,体育运动在形式上多表现为国家间的竞争,但在国家间发生分歧与矛盾时,体育文化可以超越国界,成为国家间缓解紧张形势、促进交流合作的一种特殊手段。"小球转动大球"的"乒乓外交"成为国际外交史上的一段佳话,为世界各国所颂扬,完美诠释了体育文化的重要性。

2.经济发展的新动力

"体育既是文化形态又是商品形式。现代企业体育产业建设要承认体育产业的经济价值,鼓励合理的利润追求,促使其转化为物质力量、现实生产力。"①经济新常态下,中国经济发展由高速增长转变为中高速增长,产业结构优化升级,第三产业成为带动经济发展的主体,教育、金融、休闲娱乐等服务业快速发展。"目前我国改革开放步伐不断加快,产业结构调整和转型升级已经上升为国家战略。随着2008年北京奥运会的成功举办,作为21世纪朝阳产业的体育产业,已经成为我国新的经济增长点,越来越受到国家、社会和公众的广泛关注。目前我国体育产业取得了显著成效,但按照国家产业结构调整和转型升级的要求,还存在很多差距和不足,距离持续、健康、快速发展的目标还有很长的路要走。"②在全面建成小康社会的伟大征程中,当代的体育文化已经改变了越来越多人的生活方式,成为人民健康生活的一部分,人们的消费意识由过去的注重生存转变为注重休闲娱乐,"花钱买健康"已经成为一种共识,人们不仅追求物质需要的体育消费,更注重精神上的体育享受,通过体育运动达到身心全面发展的目的。在促进城乡一体化发展过程中,大众体育在城乡广泛普及,成为一种新兴的大众体育文化,人们在参与体育运动的过程中,拉动了内需,促进了经济消费和体育文化产业的发展,还促进了相关产业的快速发展。许多城市与农村将体育文化打造成城市和农村的名片,如"中国武术之乡""中国体操之乡""中国赛马之都"等,使体育文化与旅游业结合,带动旅游业经济的快速发展,体育文化已经成为促进社会经济发展的新动力。"体育与旅游的结合,主要表现在三个方面。一是旅游活动是健体强身的有效途径;二是体育旅游产品已成为现代旅游产品体系中的一个重要分支;三是体育赛事特别是国际上的重大赛事,都是激发旅游者动机的强大吸引物,体育系统的赛事也同时是旅游者的盛会。"③进入21世

---

① 王晓燕.浅谈体育文化对企业经济的导向作用[J].合作经济与科技,2015(8):41.
② 杨俏然.试论我国体育产业结构的优化策略[J].四川体育科学,2014(2):16-19.
③ 曾勇,陈卫华.体育旅游业的基本理论探析[J].中国科技信息,2009(8):293-294.

纪以来,中国经济快速增长,为体育文化的发展提供了更为广阔的发展空间,同时体育文化的发展又给社会的发展创造出新的经济增长点。

3. 繁荣昌盛的标志物

中国传统体育文化历史悠久、内容丰富、异彩纷呈,蕴涵着深厚的文化底蕴。深受中国传统文化的影响,中国传统体育项目中的武术、健身气功、舞龙舞狮、赛龙舟、踢毽子等都蕴含了儒家文化的特点,追求在运动中身心兼备、内外合一。尤其是太极拳,不仅是一种强身健体的运动,更是形成了一种太极文化,讲究"以心行意,以意导气,以气运身"的特点,从而达到身心内外合一、刚柔相济。中国古代的"角蹴""蹴鞠"等运动,由中国传入东西方国家,历经几千年的演变、发展,成为当今世界的体育文化瑰宝,丰富了世界体坛文化。2016年里约奥运会上,中国女排重登世界巅峰;2020年女足亚洲杯中,中国女足绝地大反转,勇夺冠军。她们永不放弃、永不言败的精神,正是对体育文化的诠释,也诠释着她们对待生活、对待工作的积极态度。如今,各行各业都在学习体育文化,体育文化已经被各行各业认可,在社会文化发展的过程中起着潜移默化的作用,因此发展体育文化,将促进整个社会文化的繁荣昌盛。

4. 和谐社会的催化剂

"和谐"一词,在现代汉语中蕴含协调、交汇融合、合作的意思。和谐,是中国传统文化的精髓,其内容博大精深,源远流长。传统体育文化讲究形神兼备,内外合一,涵盖个人身心和谐、人与人的和谐、人与社会的和谐,在建设社会主义和谐社会上起着巨大的推动作用。个人身心的和谐是建设社会主义和谐社会的起点,但在社会经济快速发展的同时,人们的价值取向呈现多元化,社会道德危机不时发生,严重阻碍了建设社会主义和谐社会的进程。孔子主张清静修心,在教学中主张学生学习"射"和"御"来锻炼身体和怡养心性。儒家思想认为健全的人格还必须具备坚定的意志力,"仁者必有勇"(《论语·宪问篇》)就是说仁人一定要勇敢,要有勇往直前、顽强拼搏的意志力,这也是现代体育文化所体现的顽强拼搏、永不言败的精神。"形体不蔽,精神不散,精神内伤,身必败亡"(《黄帝内经》),传统体育文化可以促进人的身心健康、和谐发展,正如传统体育文化的精髓——武术文化一样,在学习武术时倡导"练武先修德",最大的特点就是达到形神兼备,内外合一,使个人的身心达到和谐统一。"天时不如地利,地利不如人和"(《孟子·公孙丑下》),原意是指有利的作战气候、时机不如有利的地理形势,有利的地理形势不如人的齐心协力、团结协作,将人与人之间的和谐相处、团结一致放在突出位置,可以看出人与人之间和谐的重要性。自古以来就有体育活动,早期人们为了生存必须进行狩猎活动,因而群体意识、相互合作、相互协调才能使他们有所收获,共同分享胜利的果实,以求得共同生存,和谐发展。今天,人与人的和谐同样十分重要。体育文化中"友谊第一,比赛第二"的精神被世人颂扬,其体现出人与人的和谐相处,在竞赛过程中公平竞争、互帮互助、团结友善,对社会主义和谐社会的建设发挥着积极而深远的作用。"体育是提高人民健康水平的重要手段,也是实现中国梦的重要内容,能为中华民族伟大复兴提供凝心聚力的强大精神动力。"体育文化作为人与社会和谐发展的一种手段,在古代文献中就有记载,在氏族社会中,氏族成员除了在生产实践中接受教育外,还在宗教、娱乐活动中接受教育。氏族间选举领袖、进行宗教仪式等,常常采用舞蹈、竞技、游戏等体育活动进行文化交流。体育文化中的团体精神深受儒家文化的影响,讲究个人与集体协同共进,个人为集体尽心尽力,当个人利益与集体利益发生冲突时,勇于牺牲个人利益。传统体育文化秉承儒家文化中的和谐思想,提倡以和为贵,个人与集体和谐发展,进而实现人与社会的和谐发展。

5. 国民生活的滋润剂

随着科技的进步和经济的快速发展,人民生活水平越来越高,在日常生活中,人们不仅追求物质生活的满足,更注重精神方面的享受。体育文化在人们的生活中是一种良好的情感调节剂。体育文化作为文化的重要组成部分,不仅可以强身健体,还可以缓解工作压力、娱乐身心、陶冶情操,给人丰富的情感体验。体育文化带给人的精神享受是独一无二的,人们在参与体育运动中感受自我,融入自然,得到生理和心理的享受。在体育运动中,人们的荣誉感、成就感、责任感等都可以得到满足。可见体育文化在精神上产生的效应是积极向上的,既能强身健体,又能带给人精神上的享受。

体育文化作为文化的一部分,在当代社会快节奏、高压力的生活中,为人类创造了一片休闲娱乐的净土,使人们紧张压抑的情绪得到宣泄,体验到人生的真谛。体育文化是一种既古老又年轻的文化,说其古老,是因为体育文化历史悠久、博大精深,自古以来始终伴随着国家的发展;说其年轻,是因为体育文化历久弥新、方兴未艾,在新的历史时期正焕发出新的生命力。体育文化无国界,其强调的公平竞争、团结协作、相互尊重的精神在世界各领域达成共识,在各个国家的政治、经济和文化的发展中发挥着不可替代的作用;同时,先进的体育文化是人类精神文明进步的标志,是人们对当代社会真、善、美追求的完美体现,是其他文化形态所不能替代的。

第三章 体育文化与旅游产业的融合发展

第一节 体育产业与旅游产业融合发展的创新驱动机制

技术创新、市场需求、放松管制、企业合作是推动产业融合的动力[①]。另外,技术瓶颈、市场瓶颈、需求障碍、制度障碍、能力障碍是影响体育产业与旅游产业融合的阻力。其中:技术创新是产业融合的内在驱动力,在技术创新的驱动下,新科学技术的应用跨越了传统的行业界限,实现技术共享,并确保产业使用通用技术共同成长,但是当技术创新不足、存在技术瓶颈时,体育与旅游产业的业务融合则难以实现。市场需求是产业融合的原始动力,它能通过营销创新,消除市场准入障碍,突破产业界限,实现业务合并与汇合,形成新型业态。但是当市场需求不足、形成市场瓶颈时,它也会阻碍体育与旅游产业的业务融合。当产业管制制度、市场经济体制影响体育旅游产业资源流通时,制度就成为阻碍体育与旅游产业业务融合的因素,所以放松管制是产业融合的客观条件,它能通过制度创新消除资源的流通限制,促进业务的整合和企业跨界合作。企业追求经济利益而竞合是产业融合的力量源泉,通过管理创新理顺企业内外竞合关系网络,实现组织融合,推动技术创新成果产业化。影响产业融合的需求障碍包括消费能力、消费行为习惯、消费者的学习能力,这些因素是通过

[①] 刘晓明.产业融合视域下我国体育旅游产业的发展研究[J].经济地理,2014(5):107-108.

影响体育与旅游产业市场融合进而影响其业务融合的。因此,技术创新、管理创新和市场创新等创新活动影响体育旅游产业的融合发展。

综合以上分析,可厘清其中逻辑。技术创新创造出新产品、新服务,形成新的生产成本函数;创造出新工艺,形成新的产业间关联性。在管理不断创新、信息化水平不断提高的影响下,生产成本函数转化为同行竞合能力,产业间关联性转化为资源整合能力。资源整合能力、同行竞合能力以及整体解决需求是促进体育旅游产业业务融合的动力因素,市场瓶颈、技术瓶颈,管理体制、市场机制是影响体育旅游产业业务融合的阻力因素;顾客消费能力潜力、消费行为惯性、顾客学习能力是影响体育旅游产业市场融合的因素;技术融合为业务融合提供了技术方案,业务融合为市场开发提供了示范服务样本、整体解决能力;在发挥新产品或新服务的示范服务功效、促进顾客学习的过程中,信息化、市场创新发挥着重要作用;在应用整体解决能力、提升顾客消费能力潜力的过程中,信息化、市场创新发挥着重要作用。

一、体育旅游产业技术融合反馈回路

推动体育旅游产业技术融合有两条正向反馈回路和两条负向反馈回路。

正向反馈回路为①技术融合↑→生产成本函数↑→同行竞合能力↑→业务融合↑→融通技术需求↑→技术瓶颈↑→技术创新力度↑;②技术融合↑→产业间关联性↑→资源整合能力↑→业务融合↑→融通技术需求↑→技术瓶颈↑→技术创新力度↑。

负向反馈回路为①技术融合↑→生产成本函数↑→技术瓶颈↓→技术创新力度↓→技术融合↓;②技术融合↑→产业间关联性↑→技术瓶颈↓→技术创新力度↓→技术融合↓。

二、体育旅游产业业务融合反馈回路

推动体育旅游产业业务融合有三条负向反馈回路和六条正向反馈

回路。

负向反馈回路为①业务融合↑→整体解决能力↑→市场瓶颈↑→业务融合↓;②业务融合↑→融通技术需求↑→技术瓶颈点→业务融合↓;③业务融合↑→示范服务能力↑→市场瓶颈↑→业务融合↓。

正向反馈回路为①业务融合↑→整体解决能力↑→消费能力潜力↑→市场融合↑→整体解决需求↑→市场瓶颈↓→业务融合↑;②业务融合↑→示范服务能力↑→顾客学习能力↑→市场融合↑→整体解决需求↑→市场瓶颈↓→业务融合↑;③业务融合↑→融通技术需求↑→技术瓶颈↑→技术创新力度↑→技术融合↑→产业间关联性↑→资源整合能力↑→业务融合;④业务融合↑→融通技术需求↑→技术瓶颈↑→技术创新力度↑→技术融合↑→生产成本函数↑→同行竞合能力↑→业务融合;⑤业务融合↑→示范服务能力↑→顾客学习能力↑→市场融合↑→整体解决需求↑→业务融合↑;⑥业务融合↑→整体解决能力↑→消费能力潜力↑→市场融合↑→整体解决需求↑→业务融合↑。

三、体育旅游产业市场融合反馈回路

推动体育旅游产业市场融合有四条正向反馈回路。①市场融合↑→整体解决需求↑→市场瓶颈↑→业务融合↑→整体解决能力↑→消费能力潜力↑→市场融合↑;②市场融合↑→整体解决需求↑→市场瓶颈↓→业务融合↑→示范服务能力↑→顾客学习能力↑→市场融合↑;③市场融合↑→整体解决需求↑→业务融合↑→整体解决能力↑→消费能力潜力↑→市场融合↑;④市场融合↑→整体解决需求↑→业务融合↑→示范服务能力↑→顾客学习能力↑→市场融合↑。

根据创新驱动体育旅游产业融合发展的因果关系,可以确定创新驱动体育旅游产业融合发展的系统动力学模型中有技术融合度、业务融合度和市场融合度三个状态变量,有技术融合动力、业务融合动力和市场融合动力三个决策变量,有技术创新、管理创新和市场创新三个调控变量。

体育旅游产业技术融合、业务融合和市场融合三个子系统中的因素都是模型中的重要变量,它们之间有的彼此独立,有的强相关,可将其引入模型中,阐述它们之间的相互作用和关联。

第二节 文化创意产业与体育旅游产业的融合

一、文化创意产业与体育旅游产业融合的思想根源

文化创意产业与体育旅游产业的融合不仅是技术层面的,更涉及服务、商业模式及整个产业的运作模式等。在整个融合过程中,行业主体及消费者的思想观念起到了至关重要的作用,极大地推动了产业融合的进程。文化创意产业与体育产业融合发展的思想根源主要来自以下三方面。

(一)旅游者需求层次的提高

对大部分社会个体而言,文化消费建立在物质消费的基础上,对个人的收入水平有着一定的要求。消费需求是日益发展和提升的,目前居民的日常消费已经不再简单地满足于基本生存需求,而是趋向于高层级的精神消费以及享受型消费,而文化创意与体育旅游恰恰属于高层级的消费需要。随着人们生活水平的提高,旅游中的参与性与体验性逐渐成为人们消费需求的重点,人们已经不再简单地满足于简单的自然风光、风味小吃等,文化内涵、民族特色成为人们新的偏好。此外,人们的旅游消费也逐渐开始注重文化内涵,偏向精神文化体验与养生休闲,青睐主题游、养生游等。

消费者旅游需求的结构性变化促使旅游市场的内部调整,这就使得旅游市场内部的企业、中介机构和未进入市场的相关潜在企业进行企业内部的战略性调整或主动进入市场。作为体育产业的重要组成部分,体育旅游是当下热门旅游方式之一,也是相关企业和机构改革的目标与方向,他们已充分认识到消费者需求的多元化和个性化趋势。而借助文化

创意对体育旅游元素进行包装和宣传是发展体育旅游的关键环节,这就对文化创意产业以及体育旅游产业二者之间的融合产生了极为重要的推动作用。

(二)消费个体价值倾向改变

人们在消费中追求的目标一般表现在对某个产品的理解或价值认知程度上,或者说,人们的消费行为来源于对某种产品的认知和价值需求。人类的价值观是非常复杂的,是多维和多层的,属于一种心理倾向。对于体育旅游消费来说,它是从属于经济价值观的,属于人们对这类消费的具体价值取向。消费个体价值倾向是消费者消费的主旨与倾向,是无法背离的,每个消费者对相同产品的价值评价都不相同。而体育旅游属于一种独特的消费方式,没有消费者普遍的价值评价和追求,体育旅游的发展动力便会不足。

经济的不断发展使人们消费的选择自由度与范围不断扩大,人们的消费也越来越倾向多样化和去限制化。人们的消费方式实际上都是在一定的消费条件下做出的对生活方式和风格的选择,根源是人们的心理认可和需求欲望。按照马斯洛的需求层次理论,层次越高的消费品提供的精神意义越重要,相应的符号特征越突出,象征型消费也就越具备倾向性。体育旅游产品作为一种层次相对较高的产品,其发展动力正源自消费者个体价值倾向在需求层次上的攀升。

(三)可持续发展思想的深入

可持续发展思想在本质上要求经济、社会与自然和谐发展,它以传统的发展理论为基础,要求在经济发展的同时不能以环境破坏为代价,不能危及子孙后代的正常资源需求,而是将资源保护和环境保护融合,以改善人们的生活质量为目标,提升人们的幸福指数。文化创意产业与体育旅游产业的本质特征均符合可持续发展思想及其理念的基本要求,因而在新的经济社会环境下成为被大力发展的新兴产业,二者的融合发展也成为重要的趋势,是可持续发展战略的必然要求和重要体现。

粗放式发展已经对我国的环境与资源造成了严重伤害,水污染、空气污染严重影响到人们的生活质量及身体健康。人们已经深刻认识到环境保护的重要性,杜绝环境污染与资源浪费,坚持可持续发展的观念已经深深融入人们的消费观中。文化创意产业和体育旅游产业不仅是集约型产业,也是绿色产业,在生产的过程中不会产生环境污染、资源浪费等现象。

二、文化创意产业与体育旅游产业融合的基础条件

居民的收入及消费水平的提升直接决定了文化创意产业的生产能力、市场规模及发展能力。此外,市场及政府等外界因素的变化与引导也会对文化创意产业的发展起基础性作用。

(一)消费水平提升

居民消费水平提升的关键是我国经济整体的飞速发展。在我国大力发展文化产业,进行供给侧结构性改革的政策背景下,居民在满足日常生活需求的基础上逐渐开始注重精神层面的满足,开始进行精神文化产品的消费,而文化创意产业和体育旅游产业的相关产品正属于精神文化产品的范畴。精神文化产品与以往一般商品的不同之处在于:精神文明消费建立在物质消费得以满足的基础上,且企业和消费者均需要了解文化创意产品的精神内涵并认同其精神价值。文化创意产业和体育旅游产业的消费主体目前一般以受过高等教育的人群为主。这类人群容易接受新兴事物,并有一定的消费水准,他们的自身消费以及带动周边人群进行理性的文化创意产业消费,对促进产业的融合发展起到至关重要的推动作用。

(二)旅游市场环境变化

目前,我国的传统旅游市场已经饱和且发展趋势呈现疲软状态,相关产业的延伸利润固定化甚至呈现下降的趋势。随着企业旅游产品的更新,创新转型已经成为旅游企业的唯一出路。优质的旅游企业通过战略结构调整,将文化资源作为重点开发对象,加强创意创新的开发利用,通过对文化创意产品类型和内涵的不断挖掘和创新,获得了独特的竞争优势。除此之外,体育旅游是现代旅游市场的新方向,也是企业盈利的最新

产品,文化创意产业和体育旅游产业的融合是旅游市场发展的必然结果,其高附加值、高体验性等特征吸引企业尽快加入文化旅游市场。

市场需求在产业融合与发展的过程中发挥了巨大作用。市场通过价格和资源配置等手段,促使部分区域发展了成规模的体育旅游景点,并最终形成相对成熟的体育旅游产品。这一过程无疑是体育旅游产业不断调整自身的产品类型以迎合市场需求的结果。体育旅游产品一旦形成,便会自主形成不断调整和优化升级的正循环体系,并通过这种体系形成竞争优势,引导消费者和旅游群体前来旅游并产生一系列消费行为,消费反作用于生产,从而促使体育旅游产业不断调整自身的产品类型,最终形成与体育旅游产业息息相关的服务消费市场。在这一过程中,借助文化创意产业提高体育旅游产品的吸引力是重要的战略选择。由此可以看出,在市场消费的强力引导和带动下,体育旅游产业在发展过程中与文化创意产业进行融合可不断增强市场竞争力,从而实现可持续发展。

(三)政府引导力增强

政府在产业融合发展的每一个环节都发挥着重要作用,是外部动力因素之一。文化创意产业与体育旅游产业的快速发展离不开政府在背后强大的政策动力支持。政府不仅需要提供一个适宜发展的宏观环境,也需要通过一系列政策手段营造一个良好的微观环境。

通过对相关文献资料的查阅,笔者总结出政府在产业融合发展过程中的驱动作用。第一,基础设施建设。文化创意产业及体育旅游产业都需要较为完善的基础设施作为发展的前提。但是由于基础设施建设需要的投资金额较大,并且投资回收周期长,企业自身无法负担,只能依靠政府展开先期投资建设。第二,政策支持。地方政府有效的政策保障措施,可以协调好体育旅游产业与其他产业融合进程中的分工,从而营造良好的融合氛围,构建产业融合发展的良好政策环境。第三,发展规划支持。越来越多的投资商或企业会在政府政策的引导下进入文化创意产业与体育旅游产业,这并不仅局限于文化和旅游产品,餐饮、住宿等服务设施也会逐步完善,从而达到一定的集聚效应。第四,发挥典型示范作用。政府着重培育具有良好发展潜力的企业,通过其发挥模范带头作用,扩大文化创意产业与体育旅游产业融合的范围。在这种产业融合与集聚效应的背景下,更多的人才、资金、技术会流入旅游产业,起到良性循环的效果,从而推动文化创意产业与体育旅游产业的快速发展。

三、文化创意产业与体育旅游产业融合发展的模式分析

(一)体育主题游模式

体育主题游模式是以打造运动名片为中心,充分彰显体育运动个性与特色的体育旅游发展模式,同时也是通过各类手段对品牌进行包装、加工和突出文化创意的商业模式。

1.体育主题游模式理念

体育主题游不仅以体育运动及综合娱乐为核心来吸引游客,也注重打造品牌形象以带来持续的品牌效应,促进各种项目及资源的纳入与活动的丰富化,即将体育项目及其相关活动品牌化。品牌化的体育运动及相关活动可通过丰富游客的体验来吸引游客主动消费,从而在体育项目参与的过程中产生经济活动,创造经济效益。

当前世界处于体验经济时代,而旅游产业则是体验经济的突出代表。因此,旅游带给游客的特殊体验感以及延伸产品的体验设计都是当前旅游业的主要潮流。体育主题游强调游客在旅游中的主观真实感受,要让游客在参与体育活动的过程中真切体验项目的娱乐性与运动性,通过别具一格的创意设计,使游客的体验丰富化。随着居民生活水平的不断提高与市场经济的飞速发展,简单的自然风景观光体验已经不能满足游客出游的目的,他们追求的是更高层次的精神需求。因此,体育主题游要让游客在参与体育项目的过程中提高心理满足感和社会参与感。

体育主题游作为文化创意产业与体育旅游产业融合的重要模式之一,虽有较好的发展态势,但由于社会经济、文化的发展水平有限,政府部门及旅行社对其宣传和促销的力度是不足的。我国是一个文化氛围浓厚的旅游大国,政府对文化与旅游资源有着详细与全面的整体规划与调配

政策,但相关的资源规划尚未得到规范性发展,仍处于初级的开发阶段,没有相对应的直接领导部门,相应的规章管理制度以及旅游资源开发管理规范也并未出台。总体来讲,宏观的规划及指导尚未具体化,可操作性有待提高。

2.体育主题游模式发展的元素

首先是体育本体资源的开发。体育本体资源是体育主题游发展的核心,其内容十分广泛,其中最重要的是体育赛事及健身休闲运动。只有时刻紧抓体育本体资源的发掘,从特定的旅游需求的角度出发,系统地考虑资源共享与传承以及资源的创意化等问题,才能从根本上找到推动体育主题游发展的动力。①

其次是游览主题的设计。体育主题游,顾名思义就是需要在游览的过程中建立一个关于体育的游览主题。通过主题的文化创意设计,让游客以最快捷的方式了解到该旅游产品的内容及特点,在最短的时间内激发游客的游览兴趣。

最后是游览设施的建设。体育主题游突出游客在游览过程中的参与性与体验性,强调游客的主观能动性。因此,体育主题游的一个重要的发展元素就是体育设施的建设。丰富完善具有创意性的体育旅游设施能够有效提高游客参与过程中的满足感,提高游客对景区或活动的印象分。

3.体育主题游模式代表

"中国国际航空体育节"从 2009 年起每年举办一届,已经成为具有一定知名度的体育主题游项目。它主要以航空体育表演和市民参与体验为中心,包含多个竞赛类与表演类项目,另外还包含数十个互动体验类航空项目,同时提高了航空爱好者与游客的心理满足感和社会参与感。近年来,随着我国航空事业的不断发展壮大,"中国国际航空体育节"在原有节庆的基础上,增加了"航空高峰论坛及商务洽谈活动"和"航空运动器材装备展"等内容,丰富了活动内容,拓宽了航空爱好者与游客的视野,深化了

---

① 赵金岭.我国高端体育旅游的理论与实证研究[D].福州:福建师范大学,2013.

其对该项目的认知,充分彰显了体育主题游中的"航空"主题。

(二)体育节庆游模式

体育节庆游是以当地固有的节庆为主体,进行节庆包含的相关文化和体育项目与内容的开发和设计,其核心是节庆,相关内容也与节庆紧密相关。

1.体育节庆游模式理念

我国作为一个有着5000多年文化的历史大国和56个民族的多民族国家,文化绚烂缤纷,吸引了广大国内外游客前来旅游体验,其中各民族特有的体育文化更是凝聚了各民族的精神文化底蕴。体育节庆游将独特的礼仪和娱乐融入传统的民间特色体育项目,以吸引中外游客前来参观与体验,不仅可以获取良好的经济效益,也可以将我国的传统民间特色项目发扬光大。

随着科学技术的日新月异,体育项目的发展离不开与科技的融合,结合高新科技打造的现代体育旅游产品,如航空模型、无线电测向等深受年轻人的喜爱,吸引了大量家庭参与、购买,从而拉动了旅游消费。体育节庆游是体育旅游重要的表现和盈利形式之一。首先,体育节庆游吸引的大量游客通过节庆期间的吃、住、行、游、购、娱,为节庆举办方带来了可观的经济收益;其次,在普及和发展高新科技的同时传承和弘扬优秀的民间特色鲜明的体育项目,可实现对既有文化的创意性设计,让其蕴含的优秀传统体育特色文化得以传承。对于体育节庆游而言,资源的保护及开发水平是关键。我国历史源远流长、文化内涵丰厚富足,虽然人文资源与自然资源丰富,但由于其历史性与不可逆转性等特征,在产业融合的过程中,仍须注重对相关人文和自然资源的保护,否则无法保证可持续发展。

2.体育节庆游模式发展的元素

首先是节庆的体育文化资源的创意性设计。节庆的体育文化资源是指节庆中特有的体育文化项目及相关资源(如端午节的赛龙舟)和非节庆过程中可能涉及的非特有的体育文化资源(如春节期间的相声和戏曲表演等)。这一资源又可分为传统体育文化资源与现代体育文化资源两部分。我国是一个历史悠久的多民族国家,各族人民在广阔的土地上繁衍生息,创造出璀璨的文化与文明,并且孕育了具有独特民族风情的民间节庆体育运动。时至今日,这些具有民族特征与时代特征的民间节庆体育运动已经成了我国体育文化资源的重要组成部分。随着时代的变迁,现代科学技术在我们的日常生活与消费中越来越普及,对于体育节庆游这一旅游模式来讲,传统文化的创意型设计对推动其发展有着重要的作用。通过与文化创意产业融合,将传统文化加以提炼和总结,可以极大地丰富体育节庆游的文化内涵,提升其档次。另外,融入中国传统文化的体育节庆游对国外游客有着更大的吸引力,使得越来越多的国外游客加入我国体育节庆游的行列中。

其次是高新技术的发展。体育节庆游不能只包含传统的文化与风俗。随着高新技术的不断发展,越来越多的人开始重视现代技术,尤其是对于下一代的培养,高新技术成为不可忽视的重要部分。体育节庆游通过与文化创意产业的融合,将高新技术合理地融入旅游资源中,让游客在游玩的过程中接触、了解高新技术元素,以寓教于乐的形式,吸引来自四面八方的游客尤其是青少年游客前来参与,不但促进了活动的开展,也促进了文化创意产业以及高新技术的发展。

最后是社会需求的转变。随着国家文化软实力的增强以及世界各地文化产业的高速发展,民众的消费需求重点明显由物质层面转向精神文化层面。社会结构的改变也直接促使消费者在经济、声望及权利方面有更强烈的需求。精神文化消费不但满足了消费者自身的文化需求,而且也是体现消费者自身社会阶层以及提高自身心理满足感的重要途径,有助于满足消费者在社会声望、社会荣誉等方面的需求。

3. 体育节庆游模式代表

"那达慕"大会由蒙古族的"祭敖包"发展而来,起源于 13 世纪末 14 世纪初,每年农历六月初四开始,为期 5 天。"那达慕"大会既是蒙古族人民喜爱的一种传统体育活动形式,也是该族人民生活重要的组成部分,是我国为数不多的具有鲜明民族特色的传统活动,是草原上一年一度的传统盛会。"那达慕"大会的内容不仅包括传统的蒙古族男子三项技能(射箭、赛马和摔跤),还增加了球类比赛、文艺演出、物资交流、表彰劳模等内容,是将节庆中的体育要素进行文化发掘与创意发展的典型。多年来,"那达慕"大会的内容逐渐丰富,不仅是当地文化创意产业与体育旅游产业融合发展的典型项目,更为内蒙古地区创造了良好的经济收益,且传承与发扬了蒙古族独特的民族文化,也增强了我国的文化软实力。

(三)体育内涵创意游模式

随着体育产业的日益壮大,人们的视线已经不仅停留在日常的赛事、运动或表演的表现上,其背后所蕴含的体育与文化的内涵与价值越发吸引消费者和游客。

1.体育内涵创意游模式理念

体育内涵创意游是指对具有体育内涵的项目进行文化创意设计和包装,从而吸引游客观赏或参与相关项目,其核心正是对旅游项目的体育与文化内涵的挖掘及其表现手法的创意设计。由于消费者具有获取体育文化感受的需求,相关企业通过转化体育文化资源为获取效益的设计,以旅游为手段达成交易。另外,拥有源远流长的文化内涵的人文景观对于体育文化旅游而言,无疑是必不可少的重要资源,只有将文化底蕴通过文化创意设计与体育旅游有序结合,才能实现传统体育旅游产业结构的优化升级,不仅能保护传统体育文化,也能够吸引更多游客前来观赏游玩。

文化创意产业本身就是与文化有关的创意消费和创意资源互动的市场现象,体育内涵创意游就是将文化创意与体育资源相结合,将体育项目背后所蕴含的文化通过一定的演绎手段表达出来,并通过旅游达成交易,让游客通过参观欣赏体会到各类型体育运动背后深厚的文化底蕴和内涵,从而引起游客的情感共鸣,推动文化创意产业和体育旅游产业的进一步融合发展。对体育内涵创意游的发展而言,最重要的还是对内涵与创意的凝练,是否有丰富的文化内涵、价值创新的产品做支撑,将会直接影响产业融合的程度与效率。就目前形势分析,我国体育内涵创意游虽然已经有了一定的发展,但仍以旅游为主,创意元素较少,产品类型单一,不足以支撑此类旅游模式的高效发展。

2.体育内涵创意游模式发展的元素

首先是创意及媒介支持。产品的创新、市场的满足以及文化内涵的发掘都需要创意的存在，更需要媒介的合理支持。需要将文化创意产业与体育旅游产业蕴含的核心价值进行优势互补，同时要合理使用创意来提升二者的关联度，让体育精神与文化合二为一，使体育内涵创意游的横向纵向同时快速发展。

其次是新型市场营销手段。在数字化科技不断发展背景下，纸媒等传统的营销手段已经远远不能传达出产品的内涵与新意。在"互联网＋"时代，营销手段也大力发展，微博、微信及各大应用软件成为营销的重要途径，虚拟现实（VR）、增强现实（AR）以及人工智能（AI）的发展也为市场营销起到了良好的辅助作用。

最后是旅游产品体系化。在产业经济不断发展的背景下，产品体系化建设成为企业关注的重点。对于休闲养生健康游而言，游客无法通过一次旅游彻底改善身心的亚健康状态。许多行业内的龙头企业，针对客户的不同需求与实际状况，制订了一系列产品方案或课程计划，与消费者达成阶段性协议，提供连续服务。此类做法逐渐盛行，不仅为消费者提供了相对完善的健康调理方案，也为企业带来了持续性收入。

3.体育内涵创意游模式代表

由谭盾、梅帅元、释永信、易中天和黄豆豆五人联袂打造的大型山地实景演出《禅宗少林·音乐大典》以经典的少林文化为背景，音乐恢宏大气、震撼人心，辅之具有体育内涵和元素的五人行云流水的舞蹈和武术表演，给观众带来了极为震撼的视觉效果，以强烈的表现力和渲染力将传统的武林文化传达给观众。融合科技手段的《禅宗少林·音乐大典》实景演出场面恢宏、内涵丰富，已经成为河南文化旅游的新名片，是实景演出中富含中国传统武林文化的扛鼎之作。

四、文化创意产业与体育旅游产业融合发展的对策

（一）加强政府职能，建立可靠的产业融合发展保障

外部环境对文化创意产业与体育旅游产业的融合有巨大的影响，而

政府正是外部影响因素之一,其对推动二者融合发展有着至关重要的作用。部分发达资本主义国家在全球化的进程中,为了最大限度地提高企业的利益,创造更好的环境,占有更多的资源以凸显竞争优势,对各种经济管理制度进行了适当的改革。例如提供了一些相对宽松的政策环境,降低了部分被规制产业的准入门槛,部分价格、服务和投资等方面的限制被取消等。这些措施加速了其产业的国际化发展,为产业融合与发展营造了良好的外部环境。空间优化及创新可以为产业间的融合奠定基础,同时也体现了政府扶持力度之大。

我国在产业融合和文化创意发展领域的政策还有待完善。首先,政府应通过建立一个较为可靠的政策支持和较为稳定的投资环境,吸引更多的相关企业与要素进入该市场,壮大市场规模;其次,提供完善的基础设施与公共服务平台,为产业融合消除后顾之忧;最后,增强服务意识,提升服务水平与行政效率,建立良好的政商关系,成为企业与企业之间沟通的桥梁。政府应着力发展我国文化创意产业,促进"文化+"的发展,发挥我国五千年历史文化的优势。

(二)注重历史文化内涵保护与传承,走可持续发展道路

文化创意产业的本质是内容产业,内容是实而不是名,真正决定产业核心竞争力的是其内容价值。而文化创意产业和体育旅游产业的结合,其核心就是文化。博大精深的中国历史造就了丰厚的文化底蕴,其中源远流长的体育文化更是不胜枚举。体育旅游正是"以人为本"的文化旅游资源外在价值的具体体现,因此融合了体育文化的旅游资源具备了知识经济时代的特征,即知识的丰富性、开发利用的持续性、形式多样的创造性。在产业融合的发展过程中,必须时刻注重对历史文化的保护,坚持走可持续发展道路,有序地开发体育人文资源,这有利于保护与开发文化资源,促进传统体育文化的传承与发展,同时也可以增强体育文化创意旅游的吸引力。

(三)依靠科技进步加强创意开发,切实紧抓游客需求

从 20 世纪人类经济社会发展的过程中能明显看到,技术的科学性和创新性已融入各个生产要素中,在生产中得到了充分的应用,已经成为一

种真正的生产力。目前,越来越注重创意已经成为一些发达国家发展体育旅游产业的重要趋势,创新力是一种现实竞争能力,也是体育旅游产业发展的核心动力。当前是科技日益发展的时代,创意发展和科技进步紧密结合,适当运用科学技术能够促进创意元素的开发,反过来,创意也可以促进科学技术的进步。因此,相关企业要有先进的管理理念,不断创新,更新技术,利用工艺和生产方式来保障和提升产品质量,并在此基础上拓展新的产品项目,不断为客户提供新的服务,从而提高市场占有率。

单纯依靠文化与普通旅游模式不能推进体育旅游的持续健康发展,只有紧密依靠科技进步加强创意开发。旅游业整体科学水平提升,也就意味着打开了旅游业发展的新视角,找到了新的增长点;同时,时刻关注游客的消费需求也是开发创意的另一个重要落脚点,只有切实了解游客的一系列需求,才能生产出吸引游客参观、消费的体育旅游产品。

(四)优化产业结构,加快完善产业融合与发展

在经济结构优化中,文化创意的渗透融合使得传统产业的边界变得模糊。以文化创意为驱动力的融合发展,与区域的传统产业交叉渗透,促使体育旅游业资源的优化配置,进而扩充产业结构,完善产业链条,推动整个产业的联动和更新,实现资源结构的调整和产业成长模式的创新。

旅游产业除了涉及简单的吃、住等行业,还包括信息、金融等在内的其他服务行业,形成了联系密切的产业集群。相关资料显示,在旅游业中新增任何一个岗位都有可能解决七个人的就业问题。另外,体育产业是文化产业的重要组成部分,有着不可替代性,其具备的影响力和渗透力对旅游业有着非常明显的促进作用。目前,国内旅游和文化产业之间的融合还处于起步阶段,许多方面发展并不成熟,因此,必须快速优化产业结构,大力推动产业融合的节奏,从而逐步取得优异的产业成果。

五、文化创意产业与体育旅游产业融合发展的趋势

在全球文化创意产业与体育旅游产业飞速发展的过程中,两大产业的融合发展逐渐成为新的行业发展趋势。文化创意产业与体育旅游产业

的融合不但丰富了文化创意产业的行业内涵,也极大地推进了体育旅游产业的发展。因此,立足产业融合这一理论基础,科学分析其内在发展规律,总结和概括文化创意产业和体育旅游产业融合发展的趋势,这些对促进二者的融合发展有积极作用。文化创意产业与体育旅游产业的融合发展已有一段历程,以两大产业其中之一向另一产业的延伸为主要特点。本部分从两大产业入手,对其融合发展历程进行梳理,从而厘清其融合发展趋势的主要特点以及融合得以实现的关键环节。

(一)文化创意产业向体育旅游产业的延伸与渗透

文化创意产业的发展通常源于文化载体(如小说、电影等)本身的发展。但随着产业的发展,在市场竞争的作用下,吸引潜在消费者,给予消费者良好感官体验以及深刻影响的、具有设计性质的产业不断出现,如广告、艺术设计和服装设计等产业逐渐涌现且具有现实生命力,此类产业均具有明显的文化和创意设计的内涵。随后,更加纯粹地以文化创意及其设计推广为核心产品的产业不断出现,如源于国外的"创客"(Maker)和"极客"(Geek),其实质都是以自身创意为核心进行产品的市场化,而充分结合现实市场需求的文化创意自然最具生命力,且发展前景最好。在这一背景下,许多针对其他产业的现实需求而进行的文化创意设计(包括产品、宣传等方面)自产生便迎来了显著发展,而"创意旅游""体育旅游业的创意发展"等产业融合现象是最具代表性的部分。

文化创意产业的发展与产业结构升级及产业融合紧密相连。首先,随着市场和产业的发展,文化艺术类产品生产者具有的文化修养与创造能力促使纯粹的文化艺术类产品生产发展为具有应用性质的设计产业,并在不断发展完善的过程中出现了不同类型创意的产品化和市场化,即文化修养和创造能力融合升级为创意能力,并产生以创意为产品核心的产业升级现象。其次,在市场机制的引导下,创意产品要通过实际应用方能更具收益性、具有生命力,从而,文化创意设计得到长足发展。最后,文化创意设计水平的不断提高,促使文化创意产业与其他产业更加深度地融合延伸,而体育旅游业正是其中之一。

(二)体育旅游产业的文化创意化

体育旅游产业的实质是体育产业与旅游产业的融合。这一融合现象在 19 世纪中叶的英国萌芽,当时英国已出现登山俱乐部;至 19 世纪末,一些北欧国家依托其地理旅游资源创建了滑雪俱乐部;到 20 世纪 80 年代,美国洛杉矶依托奥运会发展旅游业,其实质是体育赛事、奥运会文化以及城市旅游三者的融合,在奥运会文化方面开始体现出体育旅游产业的文化创意化,后来更是沿着此趋势迅猛发展。对国内来说,体育产业和旅游产业因其内容性和消费层级的高端性,均在我国经济高速发展的历程中获得了较大发展,如北京奥运会场馆旅游、少林寺武术文化旅游、各少数民族地区旅游中的体育项目表演与体验和西安国际马拉松赛等。

从发展历程来看,最初体育旅游产业仅以利用当地旅游相关资源创造体育项目的方式来发展。随着经济的发展和消费者消费需求层次的提高,类似洛杉矶奥运会场馆旅游、北京奥运会场馆旅游等通过赛事带动旅游业发展的现象逐渐普及化。随后,体育旅游产业不仅依托赛事文化,更与地区特色体育文化相结合,如嵩山少林寺充分利用其武术相关文化对外宣传以吸引游客。在激烈的市场竞争中,不对既有文化进行创意化加工和宣传便无法持续吸引游客。例如少林寺旅游通过互联网对其具有历史和武术内涵的人物、器械、功法和功夫研究等的具体内容进行介绍和宣传,并设置游客体验和教学项目以提高游客的体验感,本质上体现了对其既有体育文化的创意性加工。

第四章 高校"体教融合"的理论与实践

第一节 高校"体教融合"的特征与价值

一、高校"体教融合"的推进

"体教融合"既是我国竞技体育发展的基础,也是促使我国一步步迈向体育强国的必经之路。"体教融合"是由之前的"体教结合"发展而来的,并对"体教结合"的内容进行了发展和完善,对"体教结合"的范围进行了扩展,新的"体教融合"观点和之前相比,具有以下特点。

(一)培养目标的特征

1.长远性

早些年我国对体育人才的培养,过于强调其体育竞技才能,而忽视了体育特长生的文化素质教育培养,由此产生了体育与教育部门职能分离的现象。从个人角度来讲,体育苗子过早脱离教育部门,没有系统地完成应有的文化教育,使得他们在退役后可安置的岗位有限,造成后续发展困难;从集体的角度来讲,学校没能充分地发挥自身具有的教育功能,教育部门也把培养竞技体育人才这一重任,完全推给了体育部门。为了解决以上问题,"体教结合"应运而生。然而,"体教结合"只是中国竞技体育发展和教育体制完善这一伟大进程中的某一特定阶段,而非适用我国长远发展,具有阶段性。从时、效两个方面看,"体教结合"存在以下两大难题:一是分离问题尚未解决,二是以两部门结合情况来评判效果。具体标准我们可以比较体育部门与教育部门双方投入是否产生了"1+1>2"的效益,若"1+1>2",表明"体教结合"产生了一定效果,否则,我们仍须继续完善改进。所以我们可以认为,"体教结合"的根本意义在于,把体育部门和教育部门结合起来,共同培养全面、优质的竞技体育人才。

在市场经济持续发展的环境中,培养竞技体育人才也是教育部门的职责所在,体育、教育二者相互融合,密不可分。"体教融合"不仅局限于当下学校在体育方面的名誉和成绩,更是站在一个更高层次为我国储备后备竞技体育人才,实现培养优质运动员的长远目标。同时,"体教融合"又对我国学生德智体全面发展大有裨益,能够更好地丰富校园文化,提高全民素质。

在教育体系中融入体育后备人才的培养体系,就是将培养竞技体育人才的重担传递给教育系统,由其负责与承担。其培养目标由多个层次构成,可分为长远目标、近期目标和短期目标。长远目标即为国家培养全面发展的运动员,近期目标则是提高学生体质健康水平、丰富学校文化、争得学校名誉等,短期目标包括提高学生运动成绩、文化成绩等。在过去,许多学校只着眼于短期目标,通过组建运动队、特招运动员,急功近利地追求学校的社会名誉,而"体教融合"则一改这种做法,着眼长远,在可持续培养竞技体育后备人才方面给予坚实保障。

2. 新的指向性

(1)"体教融合"目标新指向的现实诉求

第一,体育消解青少年健康危机,应时而作促进青少年健康发展。

对儿童和青少年的健康进行投资具有终身、隔代和更为经济的多重效应,这一点得到了世卫组织(WHO)、联合国儿童基金会和《柳叶刀》杂志联合组成的委员会的一致认可。体育锻炼在促进健康方面发挥着非常重要的作用,因此,国家(地区)、社会、家庭等对儿童和青少年的健康进行"投资"时,应当将其视作一项重点内容;与此同时,社会的不断发展也对青少年,特别是对发达国家(地区)的青少年产生了巨大影响。此外,由于生活方式逐渐向现代化转变,青少年在生活体力活动和体育锻炼活动方面明显变得不足,他们回家后更多地选择窝在沙发里看电视、玩手机,而不是到大自然中呼吸新鲜空气。

同时,青少年的心理状况也不容忽视。就儿童医学角度而言,那些在成年人身上会出现的精神障碍、心理问题(除阿尔茨海默病以外),都有可能在青少年身上发生。在"心理障碍"的问题上,青少年属于易感人群,而他们的精神障碍、心理障碍等问题也越发变得突出。实际上,这也与青少年的生活方式有关,他们每天长时间地久坐不动,很少进行体育锻炼,不仅违反了健康成长的规律,也威胁到身体与心理的健康发展。

从青少年身心健康角度来看,想要保障青少年健康发展,我们就要着眼于他们的生活方式。不难看出,那些进行系统体育锻炼、坚持均衡营养膳食的青少年,往往会拥有更为强健的体魄、更为昂扬的精神。而从儿童、青少年竞技能力发展角度来看,对他们进行科学地阶段性、有序性及专项不断深化性体育教学或运动训练,将使其终身受益。因此,全球各国(地区)在体育、教育等跨领域进行健康投资,将为儿童、青少年乃至全社会的可持续健康发展提供巨大助益。

在我国,就教育领域和体育领域的培养目标指向来看,二者存在一定差异。这种差异导致体育部门和教育部门在青少年体育技能培训、体育赛事、学习体育活动等方面出现政策壁垒,导致彼此无法对资源进行合理优化配置,也难以形成协同治理的良好局面,"体教融合"自然也无法真正落到实处。当前,国家积极采取融合性举措,如在学校创建青少年体育俱乐部、构建学校体育赛事体系、在学校设立教练员岗位等,对学校体育工作内容进行全面拓展;同时,还提出诸多改革举措,大力破除体育教师编制、待遇等政策壁垒,推进体育部门资源向教育领域配置,意在通过这些措施,在青少年群体中充分发挥体育健身、健心、健群的功能,让体育回归教育,并成为教育的重要组成部分。

除此之外,我国还通过多种方式对体育的教育功能进行彰显,如培养体育技能、组织体育赛事、传播体育知识等,从而对学校、青少年体育俱乐部等教育和体育领域的资源进行充分整合,逐步实现组织形态多元化、活动方式多样化、赛事体系多层级化,在促进青少年健康成长的过程中让体育重要的、不可替代的作用得到充分发挥。

第二，教育补齐青少年体育后备人才培养短板，提升人才培养效率。

归根结底，竞技体育事业可持续发展的基础和动力就是培养青少年体育后备人才。

中华人民共和国体育事业发展初期，我国体育事业的基础较为薄弱，在竞技体育的发展方面存在亟待满足的需求。因此，国家体育运动委员会于1956年颁布了《青年业余体育学校章程（草案）》《少年业余体育学校章程（草案）》，同时以此为依据，将体校正式确立为开展全国业余体育训练的唯一形式，即对青少年业余时间加以利用，通过早期专项训练培养优秀青少年体育后备人才[①]。

从学理层面加以分析，这一时期，我国以体校为主要架构的青少年体育管理体制已经形成。然而，大众抱有"无育之体育"的认知，在体育功能的认识方面存在较大偏差，导致体校的文化教学水平与普通中小学相差甚远，青少年体育后备人才选拔难度日益加大。在运动项目方面，传统优势项目（如举重、跳水、射击、体操等）存在缺乏后备人才的问题，不能很好地在广大青少年群体中科学选拔人才；而对于篮球、乒乓球、羽毛球、游泳等普及性较强的项目，尽管青少年广泛参与，却没能实现精英培养、精准投入，因此同样缺乏优质人才，出现断档问题。由此可见，在青少年体育后备人才的选拔、培养、输送问题上，单纯依靠体校是远远不够且难以为继的。因此，亟须对体校的功能进行再造与拓展，同时对教育领域的资源进行整合，从而实现青少年体育后备人才培养组织体系的进一步完善，以及功能的进一步加强。

在这一阶段，国家教育体系通过建设普通学校高水平运动队来彰显中国体育的特色。例如教育行政部门、学生社会组织对面向全体大中小学生的体育赛事进行构建。然而，这些举措的目标依旧是对青少年体育后备人才的培养和将人才输送到国家队，同时，"学训矛盾"也出现在小学和中学之中。此外，高校仅仅将培养高水平运动队当作自身的办学特色，

---

① 柳鸣毅，但艳芳，张毅恒.中国体育运动学校嬗变历程、现实问题与治理策略研究[J].体育学研究，2020（3）：64-77.

没有对其进一步优化与完善,使得高校高水平运动队缺乏合理的项目布局,也缺乏科学的人才培养体系,难以培养精英人才和体育专业教学人才;教育系统的培养目标不是培养青少年体育后备人才;而对于青少年和其家长而言,"成为体育后备人才"往往也并不是他们参与体育运动的目的。

从体育和教育资源层面来看,体育部门、教育部门都将"青少年健康成长"作为核心理念,在扎实做好青少年体育普及差异化、多样化、层级化、网络化的基础上,对优质体育师资、场馆设施、体育组织和体育赛事等资源进行整合,从而使普通中小学、大学逐步发挥自身对青少年体育后备人才的发现、选拔、输送作用。但是,在很长一段时间中,普通学校在创建青少年体育俱乐部方面都缺乏政策依据;同时,学校体育老师不被允许参加课外辅导,或者即便他们对竞赛活动进行组织,也不会被算进工作量,拿不到有关补贴。单靠体育课很难让青少年真正掌握1~2项体育技能,因此,有关部门应出台相应政策,以政策为导向、为基础,大力支持普通学校对青少年俱乐部的创建。这样既能面向全体青少年开展丰富多样的体育活动,还能依托青少年俱乐部开展体育人才选拔工作、进行业余训练、举办体育竞赛,使其具有在教育领域对青少年体育后备人才进行培养的功能。

同时,在突破教育领域对青少年体育后备人才培养的政策瓶颈方面,可以采取一系列行之有效的改革举措,如"一校一(多)品"模式、市队校办、国家队高校办、区县体校与普通学校合作、体育传统特色学校建设、联合创建高水平运动队等,集中力量在教育领域融入体育专业资源,从而切实拓宽培养渠道,解决存在的问题,补齐有关短板。

(2)"体教融合"目标新指向的支撑特性

"体教融合"不仅重新树立了"体育是教育的重要部分、教育是体育的重要功能"的理念,更是对青少年生活、娱乐、学习等组织特性和活动规律的遵循,是促进青少年健康、培养体育后备人才非常重要的途径。无论是政策的缺位,还是政策执行的阻滞因素,都制约了体教融合的发展。在充分且深刻地认识到这一点后,党和国家最高级别的深化改革机构对相关政策进行了调整。因此,"体教融合"是一项重大改革工程,具有长期性、跨越性和复杂性。虽然面临现实中的巨大挑战,但也迎来了政策机遇。具体来讲,如果改革青少年体育、教育等领域公共事务管理体制及其运行机制,就势必对政府、社会、市场领域的组织职能与资源分配等治理方式进行重新厘定。

第一,新定位:全社会共担青少年健康发展。

党和国家长期对青少年健康发展予以高度关注。在促进青少年健康发展方面,"体育"的地位与作用也越发受到重视。我国提出"体教融合"理念,并推动其全面落实,主要目的就是破除障碍,解决一系列问题。例如当前我国的教育领域仍旧存在"体育课不是主课"的思想,其他科任教师常常"霸占"体育课,学生对体育课也不够重视,一到自由活动时间、休息时间或是背书,或是写作业,很少主动进行体育锻炼。再如在体育领域中,对青少年体育后备人才的培养依旧存在单一化问题,虽有相关政策,却难以真正落实,也无法最大限度地优化教育资源。针对这些问题,"体教融合"重点围绕高水平运动队特色建设、体育赛事、学校体育、体校改革、体育师资队伍、社会体育组织和政策保障等核心问题,对人员整合、组织建设、活动开展三个领域进行深化改革,为促进全体青少年健康发展提供全方位保障与支撑。

以政策为国家实施深化"体教融合"改革提供指引,为基层学校实施体育课程改革和开展青少年课后体育系列活动提供指导,为体校创新办学机制、社会力量参与普通学校和体育领域青少年体育工作提供依据,这些都是非常有必要的。在政府跨越性治理的主导下,为青少年营造校内外参与体育活动的氛围,提供普及体育运动和更高水平的精英体育发展的空间,形成以"普通体育课程接触体育、课后体育活动融入体育、高水平运动队选拔人才、体育赛事平台展现能力、体校锻造精英体育人才"为基本逻辑,由政府部门、社会组织和市场机构共担体育促进青少年健康发展和后备人才培养的成长体系。

第二,新布局:全阶段共促青少年主动健康。

实施"健康中国"国家战略的核心理念就是推动从"治未病"到主动健康意识和行为的转变。在青少年发展阶段,对于终身主动健康来说,加强体育等健康行为有着无可替代的重要作用。在过去很长一段时间,国家在体育、教育等领域投资甚多,无论是对学校体育场馆等硬件设施的兴建与改善,还是对层级化体育体系的构建,抑或是对校外体育新领地的拓展,种种举措都奠定了青少年体育工作的开展基础。但是,现实中仍然存在以下一些情况:学生虽然喜欢体育运动,但是不愿意上体育课;部分人成为体校运动员并不是因为他们具有体育潜质,而是因为自身文化学习成绩较差、性格太过活跃等无关因素,属于被动入训;社会方面、家长方面仍然对从事体育运动不太认可,持消极态度,行动力也偏低;青少年仍没有形成以体育锻炼和更高水平的运动训练为手段的主动健康意识。其实,儿童的天性和本能就是"好动",在这一阶段我们要承担的使命与责任就是,通过科学有序的体育干预促进儿童建立运动条件反射。目前,由于青少年崇尚体育明星、注重身体管理、乐于群体活动,也由于数字体育分享的兴起,体育已经逐渐成为他们的生活方式之一。而对于政府来说,就要借助这一契机,为全体青少年搭建起全阶段共促主动健康平台,履行好这一主要社会责任。

如今,我国正在逐渐明确政府部门之间在青少年健康治理方面的纵向权力与责任,对机构职能横向配置以及交叉重叠等缺陷加以完善。例如体育部门和教育部门联合起来,共同对体育传统特色学校进行创建,从而对基层体育、教育领域资源加以整合,对学校创建高水平运动队、开展冬夏令营活动、举办学校体育赛事、选拔培养体育特长生等给予精准支持,以多元化的体育活动吸引青少年注意力,使其积极参与,主动展现出自身潜能,以层级化的体育赛事为青少年搭建比力斗智平台,以体育特长学生体系帮助青少年塑造主动超越的精神,以国家主导的体育人才培养路径对青少年主动成才方面的政策壁垒予以破除,以"体育+健康"的多元模式助推儿童、青少年主动健康的全新布局。

第三,新环境:全领域共破健康发展壁垒。

近年来,无论是人民群众受教育的水平,还是他们的身体健康素质,都在很大程度上得到了提升。体育也拓展出多样化的项目、采用多元化的方式、探索发展新路径,为促进青少年的健康发展助一臂之力,也对竞技体育后备人才进行全方位培养,即体育高度融入了教育领域、健康领域,在青少年群体中注入了健康发展的全新观念。与此同时,在培养青少年体育后备人才方面,我们不再单纯依靠体育领域的资源,因其已经融合了一系列纵横交错的问题,包括青少年健康水平、文化教育、社会融合、业余训练、职业发展等,需要进行协同化治理。不过,具体到政策执行方面,我们仍能发现不少问题。其一,体育行政职能存在地方自治空间不足现象,这也导致地方政府不具有较高的协同化程度,阻碍的壁垒也随之而生;其二,由于长时间的高度行政化管理,体育或教育领域局限于对国家资源的依赖,加之学校体育政策目标和培养青少年体育后备人才政策目标以及目标执行过程的不对称,很容易出现资源浪费的问题。

为打破理念禁锢,破除部门壁垒,我国多措并举推进改革,营造体育、教育等领域对青少年体育进行协同治理的新环境。其一,对激励政策壁垒进行破解。政策的落实归根结底要依靠人的力量,具体来说,就是要充分发挥体育领域、教育领域中从业人员的主观能动性。但是现如今,我国的体育教师与教练员普遍存在地位偏低、待遇偏低的问题,他们的职称评定通道也不够畅通,这不仅难以调动体育教师与教练员的积极性,更会导致人才的流失。因此,我们应允许体育老师和教练员参与课余训练、竞赛等活动,充分肯定他们的付出,给予他们相应的酬劳;体育部门、教育部门要牢记协同治理理念,对体育赛事的运动技术标准共同进行制定,对体育教师、教练员取得的成绩及时给予认可和奖励,实现"谁培养、谁受益",切实使激励作用得到发挥,破除横亘的壁垒,让青少年积极主动投入体育赛事之中,也让体育教师、教练员全力以赴地对人才进行培养。其二,对资源保障的壁垒加以破除。目前,在青少年体育领域,尤其是事业机构与社会机构等方面,我国还存在很大的空白,学校的体育场馆、体校的资源、社区体育组织等方面,或是处于闲置状态,或是未能实现合理配置,因而应当加大对学校创建青少年体育俱乐部的支持力度,这一改革措施让我国体育培训服务领域变得更加规范、更加标准,向着层级化发展,从而破解招生难、进校难、场馆使用难等长期存在的问题。从政策的角度来看,当前青少年健康处于多重危机之下,而融合共治的公共治理精神将贯穿青少年体育组织创建、人才培育、科学指导、体育赛事、活动开展和文化交流等各方面,营造全新环境,为促进青少年健康、培养体育后备人才做出更有力的保障。

第四,新行动:全过程共建"普及—精英"一体化体系。

虽然环境、教育、公共卫生、营养等多方面因素都影响着青少年,使其面临多重健康危机,让学校体育来承担青少年体质下降的全部责任显然是不客观的。但是我们也要看到,学校体育确实应承担培育青少年身体素养、助力青少年健康发展的责任,也确实应尽到这方面的义务。早期专项化的培养理念既与青少年生长发育规律相违背,也不符合体育、教育的发展规律,更不能满足青少年家庭与社会发展的需求。基于此,我国应围绕促进青少年健康成长、培养体育后备人才的目标新指向,依托跨领域的组织、人员、活动等方面的融合,打出一套"组合拳",进行一体化改革设计。

我国研制了青少年体育训练"普及—精英"一体化发展体系,其在对运动入门、启蒙训练、技能发展、一般训练、专项训练和强化训练的阶段进行划分时,主要以年龄阶段、运动认知、体育参与方式等为依据。青少年体育训练"普及—精英"一体化发展体系不仅符合青少年生长发育规律,也符合教育和家庭成长规律,符合体育技能发展规律,其以新时代"体教融合"政策的目标为依据,以激发参与动机、协同组织治理、融合多元诉求、精准配置资源等的方式,新的行动计划应运而生并得以实施,既满足全体青少年体育健康发展的要求,又遵循个体差异、健康成长及人才培养的基本规律,以拓展规模、精准投入的理念培养青少年体育后备人才,具有科学性、适用性。

(二)培养主体的唯一性

体育和教育系统是"体教融合"的培养主体,二者共同采取行动,发挥作用。但是双主体的模式本身存在一定的弊端,由于两个主体在培养竞技体育人才上的目标和利益可能会存在矛盾,在培养的方法途径上也可能并不完全一致;同时,体育系统和教育系统的下属部门各自的具体情况不尽相同,它们会自主选择有助于本单位发展利益的方式进行"体教融合",所以各地"体教融合"的模式多种多样,具有差异性。

实际上,教育系统应是"体教融合"的培养主体,并且是唯一的培养主体。所谓"融合",实际指将教育体系与培养体育后备人才相互融合,将教育、体育系统的资源相互融合,主体均为教育系统。如此有利于激发教育系统的积极性和主观能动性,对集中力量发展我国体育、教育事业具有重要意义。同时,体育系统在运动员选拔培养、教练员指导上也能够借助教育系统的优势。除此之外,"体教融合"还有助于我国各职能系统分工细化明确,提高资源配置的有效性和合理性,明晰彼此的权与责,防止出现互相推诿的现象。

(三)培养对象的业余性

"体教融合"的培养对象具有业余性。其培养对象不是体育特长生,而是全体在校学生。一方面,可以使学生在校接受科学文化教育的同时,加强体育锻炼,全面发展;另一方面,有助于体育系统培养竞技体育后备人才,扩大运动员的选拔范围,进而推动我国竞技体育事业可持续发展,也减少了有潜质的体育人才被埋没的情况。

在教育体系中融入体育后备人才培养体系,实际上也是对培养对象有更清晰的认知。从整体角度来看,我们所培养的人才首先具有的身份是学生,随后再具体细化,才是"有着运动特长的学生",因而归根结底还是要实现学生的全面发展。这样做既能够助推学生更好地完成文化知识的学习任务,拥有更好的文化素养,又能够对运动员的选材面进行拓展,从而发掘出更多的具有潜质的优秀后备人才,从长远来说,对体育可持续发展具有重大意义。

(四)培养过程的科学性

"体教融合"后,竞技体育后备人才的培养重任落在了教育系统之中,教育系统也吸纳了体育系统的部分资源。其中:体育系统的专业科研资源和优质教练员的人力资源,大大提高了教育系统培养运动员的质量和效率。可以说,教练员的水平以及专业配套保障人员的水平,直接决定着运动训练的水平。

如今,我国大部分运动项目的运动员存在基础薄弱的情况,这在一定程度上对其向更高层次迈进造成严重的阻碍。之所以会存在这样的问题,很大程度上缘于运动员在基础阶段得不到高水平教练员的指导,训练方法也不够科学。高水平教练员既有着参加运动竞赛的经历,具有宝贵的经验,也拥有丰富的专项理论知识,同时还具备学校科研力量的支持,因而能对竞技体育后备人才在基础阶段的训练上给予更为科学的指导,这极大地促进了运动员运动水平的提升,对其运动生涯的发展也提供了很大帮助。

(五)"体教融合"政策的变迁性

"体教融合"政策不是一成不变的,其具有变迁性。纵观我国"体教融合"政策演进历程,大致经历了四个阶段,在这四个阶段中,由形变到实变,最终实现质变,呈现层层递进的特征。

1. 酝酿形成期(1949—1984 年):"体教配合"的政策引入

在酝酿形成期,体育不再仅是局限于"增强人民体质"的群众运动,而是一步一步承担起政治功能,发挥着提升国际地位、增强民族自信心与凝聚力的作用;同时,竞技体育训练与教育系统渐行渐远,二者逐渐脱离。当然,在后期,就促进"体""教"结合方面,国家也出台了部分支持性政策,在政策的指引下,二者在外部曾短暂地互动相交。不过由于有关政策不具备明确的导向性,运动员的文化教育情况在现实中仍未得到真正重视,因此体育与教育之间并不算"结合",更多趋向于"配合"。

2. 初创探索期(1985—2008 年):"体教结合"的政策贯彻落实

在初创探索期,国家制定出台了大量的"体教结合"政策并予以贯彻落实。多元"体教结合"模式应运而生，其以高校试办高水平运动队为基础，收获了一定的成效。例如清华大学建立了"小学—中学—大学"的"一条龙"人才培养模式，而于 2003 年，在世界大学生运动会上，其自主培养的学生胡凯一举夺得百米冠军。同时，教育部门培养出的高水平运动员越来越多地参加体育竞赛，取得了世界大学生运动会的外联和组团权利。然而，尽管在初创探索期我们因"体教结合"取得了一定的成绩，但是也要看到存在的问题，那就是由于受到多重因素的阻碍与制约，我们仍未能充分地发挥出"体教结合"模式的作用，未能出现较多的成功案例。

3.成长扎根期（2009—2019 年）："体教融合"的政策潜心筑基

步入成长扎根期，我们对运动员文化教育和学校体育工作进行了全面完善与进一步强化，各方面的总体发展水平都得到了显著提升。以校园足球为例，中国足协在 2010 年现有梯队建设中纳入了学校业余训练，这也反映出青少年竞技体育正在逐步融入学校教育之中。从横向角度分析，在人才资源等多个方面，竞技体育青训体系和校园足球竞赛都实现了有机整合；从纵向角度分析，体教双方构建了从小学到高校上下贯通的足球四级竞赛体系。由此可见，"体教结合"发展模式越发明确、具体，正向着融合方向一步步迈进，为后续深化"体教融合"改革打下了坚实基础。

4.成熟丰富期（2020 年至今）："体教融合"的政策深化发展

在成熟丰富期，我国重新定位了体育的目标及其价值功能，以期更好地与国家发展需求、青少年健康发展要求相适应，同时将体育的教育属性、文化属性充分彰显出来。国家体育总局和教育局于 2020 年 9 月印发了《关于深化体教融合促进青少年健康发展的意见》，针对"体教融合促进青少年健康发展"进行重大部署，将促进青少年健康和培养竞技体育后备人才作为"体教融合"的两大目标。其深化体教融合决心之大、范围之广、措施之实前所未有，成为"体教融合"演化发展过程中的里程碑。

"体教融合"正以"健康第一"为导向，向青少年健康发展的新时代迈进。相较之前提出的"体教结合"，新时期的"体教融合"以促进青少年身心健康发展为立足点，以强化学校体育工作为目标，反映出国家对"体教融合"概念的认识得到了进一步丰富与拓展。之后,国务院又出台部分文件,如《深化新时代教育评价改革总体方案》《关于全面加强和改进新时代学校体育工作的意见》等,对"体教融合"提出更为完善的发展策略和更为具体的落实要求,使其一步步成为体育强国建设进程中连接群众体育、竞技体育及体育产业等多领域的重要一环。

回顾过去、立足现在、展望未来,可以看到,"体教融合"政策拥有非常丰富的演化历程,其未来的发展必将是"进行时",有着非常广阔的发展空间。

二、高校"体教融合"的时代价值

(一)保障运动员受教育权利,培养全面发展的运动员

在"体教分离"的大环境下,专业运动员的学习与生活往往会和教育系统脱节。由于缺乏良好的学习环境,学生很难在文化学习上投入更多的精力;同时,竞技体育队伍往往对思想道德素养教育不够重视,加之某些急功近利思想造成的干扰、"金牌主义"带来的影响,导致大部分运动员出现了片面发展的问题,他们的受教育权就在无形中被剥夺了。身处纯运动员群体的学生不仅没有办法获得完整且系统的文化教育,还容易被其他因素影响,形成只看重运动成绩、忽视自身文化修养和知识水平的思维观念,养成自高自大的性格,这也使得社会仍然对运动员抱有"头脑简单、四肢发达"的偏见,且这种偏见长期存在,难以得到扭转。而当运动员退役后,其自身的发展与现代社会的发展需要很难适应,因为缺乏相应的生存能力,在工作生活方面都会遭遇很多问题,面临很大的挑战。《中华人民共和国义务教育法》第四条规定:凡具有中华人民共和国国籍的适龄儿童、少年,不分性别、民族、种族、家庭财产状况、宗教信仰等,依法享有平等接受义务教育的权利,并履行接受义务教育的义务。《中华人民共和国教育法》第九条规定:中华人民共和国公民有受教育的权利和义务,公民不分民族、种族、性别、职业、财产状况、宗教信仰等,依法享有平等的受教育机会。我们可以清楚地看到,上述法律条文中对我国公民享有接受

教育的权利和应履行受教育的义务进行了明确规定。但是如前所述,在"体教分离"的大环境下,专业运动员无论是学习还是生活,都和教育系统相脱节。对此,原国家教委专门提出了新的方针政策,即"体教结合"。但是随着时间的推移,即便是过去了 30 多年,上述问题依旧没有得到很好的解决。在体制障碍的影响下,体育和教育始终没能紧密相连,没能很好地结合在一起,导致运动员在文化学习方面难以得到保障,更使得"全面发展"空有形式而无法得到落实,无法真正扭转"轻文化重竞技"的思想。

"体教融合"针对的就是运动员无法实现全面发展的问题,能真正保障运动员受教育的权利,保障运动员能够更好地学习与成长,使其成为高素质优质人才,实现文化、体育全面发展,能够独自迎接社会竞争、承担自身责任,拥有更好发展空间。

(二)吸纳有潜质的青少年成为体育后备人才

在"体教分离"影响下形成的专业队建制,无论是对我国竞技体育后备人才队伍的建设还是队伍规模的扩大,都产生了严重限制,造成后备人才资源短缺,使我国竞技体育的长远战略目标受到影响。虽然推行"体教结合"能够对这种状况在一定程度上进行改善,但是一日不解决根本性的体制问题,以上问题就一日不能得到彻底解决。而"体教融合"在体育人才的培养上,从制度层面加以完善,不只注重竞技体育专业队伍的建设,更重要的是将那些具有潜质的青少年吸引过来并加以培养,让他们投入业余训练之中,成为我国竞技体育的后备人才,从而促进学校体育可持续发展。

在"体教融合"的体制下,对竞技体育后备人才发现、培养的重任落到了学校肩上。后备人才在校期间,学校既要对其科学文化素质加以培养,又要注重其业余训练,将两方面的教育相融合,在九年义务教育阶段尤为关键。从我国的人口现状可知,我国人口众多,人力资源充裕,正处于义务教育阶段的青少年更是队伍庞大。"体教融合"可以极大地发挥我国人口优势,挖掘青少年这一重要群体的巨大潜力;可以为挖掘新生体育人才提供动力,使我国竞技体育后备人才队伍得到进一步扩充,并且能加强我国青少年儿童的体育锻炼,提高国民身体素质。

(三)加快体育强国的建设步伐

在现代化的进程中,人们越来越重视体育,体育是社会文明程度的体现,同时也是社会发展和人类文明进步的标志。现阶段提高国民身体素质尤为重要,提高国民身体素质需要坚持以提高全民身体素质、增强人民体质为目标,把满足人民健身需求、促进人的全面发展作为体育工作的出发点和落脚点,使体育在我国经济社会建设中发挥巨大作用。我国由体育大国转变为体育强国的基石是发展群众体育事业,这就需要继续提高体育运动水平、继续发展群众体育事业、继续推动体育创新改革、继续促进体育竞技的发展。

"体教融合"是促进学校竞技体育发展的关键,同时也有利于促进群众体育事业的繁荣,"体教融合"对加快体育强国的建设有重要作用。

(四)促进竞技人才培养融入国民教育体系

我国的体育与教育在发展过程中经历了三个发展阶段,分别为"体教配合""体教结合"与"体教融合"。其中"体教配合"的宗旨和目标是增强人民体质,此时没有把获得奖牌作为首要目标,这个时期是我国群众体育、学校体育发展的"黄金时期"。"体教结合"阶段我国开始重视竞技奖牌价值,在促进了我国举国体制的金牌战略形成的同时,也埋下了隐患。一是过于重视学校学生的文化学习的同时忽视学生身体素质,二是忽视运动员的文化学习。这两方面的原因造成了我国虽然是个"金牌大国",但是青少年身体素质普遍下降。同时我国的体育人才结构也发生了变化,我国在"体教结合"阶段的集体项目成绩普遍不如个人项目,而学校也出现了学生身体素质不佳导致的不能全面发展的问题。在现代化的今天,"体教融合"就是将"体教配合"与"体教结合"结合起来,这不是"1+1=2"这样简单地相加,而是促进竞技人才培养融入国民教育体系。

(五)促使学校体育实现有效治理

1.促使学校体育实现新目标

学校体育是群众教育的基础,因此,群众体育的特点也体现在学校体育方面。兴趣是最好的老师,学生的兴趣会促使他们投身到某一项体育活动中,而让学生持续投入体育运动中需要教师的教学,通过教师的教使学生学到运动技能,以便学生在体育运动中实现增强身体素质和享受运动乐趣的初始目标。体育对学生的全面发展具有十分重要的作用,通过"体教融合"可培养学生在体育运动中顽强拼搏的精神,培养学生的集体主义精神和爱国主义精神。要促使学生经常参加体育竞赛,以便学生实现锤炼意志、健全人格的高级目标。参加体育竞赛既有利于维持学生的运动习惯、享受运动的乐趣,又可以培养学生的体育精神。所以"体教融合"有利于促使学校体育实现新目标。

2."体教融合"为学校体育的未来发展指明方向

国家历来对青少年健康问题都非常重视,学校体育领域也是国家各种政策的高密集区。青少年体质健康的问题并没有在各项政策颁布和实施下得到完全解决。在现阶段,我国青少年的体质健康水平较之前不再下降,但整体形势依然严峻。新时期健康中国战略、全民健身战略实施以来,对"群众体育"的重视程度在不断提升,但是学校教育并没有实质性的发展。学校体育该如何治理俨然成为学校体育发展的重要问题,深化"体教融合"为今后学校体育治理指明了方向。首先,"体教融合"突出强调"健康第一"的教育理念,就是将学生的体质健康放在体育教学的重要位置,与健康中国战略和全民健身战略的核心观念相辅相成;其次,强调文化学习与体育锻炼的协调发展,突出体育锻炼的重要性,为培养综合素质的人才奠定基础;再次,完善我国青少年赛事体系,提倡将运动员人才选拔与培养逐渐过渡到国民教育体系中,逐步突破竞技体育与学校体育之间的机制障碍,同时完善赛事体系可以极大激发青少年学生的体育热情,形成积极向上的体育文化氛围;最后,让体育课真正成为学生的"体育课",充分发挥体育的教育功能、社会功能,不仅让学生可以体验到体育的乐趣,更能使其掌握运动技能、培养团队意识和不屈不挠的竞争精神。

3."体教融合"为学校体育实现协同治理提供机遇

"协同治理"(Collaborative Governance)作为一种新的公共治理模

式,重点强调不同层次、不同部门之间的互动、协作、共赢。学校体育不应是独立的治理"孤岛",而是一个多元主体协同共治的综合体。首先,家庭、学校、社区是青少年体育意识觉醒、运动品格培养、运动技能形成与提升、运动习惯延伸的重要场所。所以,促进家庭、学校、社区体育的一体化发展,可以对实现学校体育的有效治理提供积极的帮助。其次,"体教融合"与"体教结合"有本质区别,"体教融合"强调全体青少年的身心健康,"体教结合"关注竞技体育的发展。"体教融合"的提出,预示着学校体育治理中教育部门与体育部门的协同,尤其是体育部门要主动、积极地参与到学校体育之中,从制度和机制上逐渐破除阻碍部门融合的体制障碍。最后,"体教融合"对"健康第一"的秉承,必然要求学校体育治理的跨领域合作。如体育与健康教育之间的融合,而体医融合目前已成为学术热点,体育与医学之间的跨域合作将越来越频繁。因此,深化"体教融合"时代的学校体育治理必然表现出不同主体、不同组织、不同领域、不同学科之间的协同性。

4."体教融合"为强化青少年运动参与提供政策支撑

我国关于青少年运动参与的一系列国家政策的发布,对确保青少年体育参与提供了强大的政策支持。但是,具体实践与政策大相径庭,针对这种现象,国内学者普遍认为主要是受应试教育影响、体育文化氛围缺失、学校体育政策执行乏力等因素的制约。深化"体教融合"政策的提出,无疑给青少年参与体育乏力注射了强心针。首先,"体教融合"从政策层面打通优秀运动人才受教育和升学的渠道,同时将由体育部门垄断的运动员选材、培养、训练等回归学校体育,从小学、初中、高中阶段便可凭借运动优势获取优质教育资源。其次,"体教融合"将为青少年运动参与提供优质的环境,除场地资源环境外,具有强大持久力的是体育参与的人文环境。再次,"体教融合"对青少年体育参与的关注,可以推动学校体育联盟的成立以及各级体育赛事的完备,形成多极化、多层次的赛事体系。最后,"体教融合"可以触发校外和校内主体协同发力,强化校内体育参与,增加校外竞赛机会;体育行政部门与教育部门在完善国家 U 系列赛事的基础上,加强体育特色学校建设,甚至将青少年运动队建立在中小学,并与高中、大学形成上下衔接的人才输送体系。因此,深化"体教融合"所提倡的一系列政策导向,必然会提升青少年的体育参与度。

5."体教融合"为我国竞技体育人才培养凝心聚力

我国计划经济向市场经济转轨过程中,"金牌至上"和"举国体制"下的运动员培养模式导致很多退役运动员无法适应社会,这一现象极大地打破了社会对竞技运动甚至体育的认知,导致运动员人才选拔、培养以及学校体育一度陷入低谷。为解决运动员学训矛盾、文化素养低的问题,"体教结合"倡导高校与体育部门联合培养,但是由于体制、机制问题,"体教结合"并没有从本质上改变运动员培养的问题。而深化"体教融合"的提出,为我国竞技体育人才的培养提供新的思路。首先,"体教融合"倡导让青少年运动员回归学校,优质运动人才的回归必将充实我国体育人才库,增加各项目青少年体育人才的注册数量。其次,竞技体育人才学训矛盾和文化素养低的问题有望得到解决。借鉴美国全国大学体育协会(NCAA)的经验,协会对运动员学业成绩有严格要求,学业成绩不合格不能参加比赛。最后,校园优秀运动员可获得更多参赛机会和经验。"体教融合"的提出必然为赛事体系提供强大的资源支撑,也可为我国原有赛事提供运动员储备。由此可见,"体教融合"对青少年运动员文化素养、科学选拔、人员储备、专业训练和竞赛参与都有积极作用。

第二节 高校"体教融合"的途径

本节对高校"体教融合"的途径进行了分析,主要从"体教融合"背景下高校体育教学的改进、"体教融合"背景下高校体育人才培养策略这两个方面出发,探讨高校"体教融合"最佳途径。

一、"体教融合"背景下高校体育教学的改进

(一)"体教融合"制度设计

从"体教结合"之路的种种困难来看,只有突破原有体制的限制,将竞技体育与教育相融合,才能够真正地实现体育强国梦。

"体教融合"是现代化的高校体育改革的必由之路,尽管其与"体教结合"只有一字之差,却是我国体育人才培养方式的构建与创新。实现"体教融合"也是我国实现体育强国和人才强国的必要途径。

　　江苏省在"十二五"开局之年,率先提出了把"体教结合"向更高层次的"体教融合"推进的新思路。2012 年上海市"体教结合"开始了新的起步,发布相关政策文件,明确提出以学生体质增强、后备人才培养、运动员文化学习、"体教结合"运行机制与保障措施等为主要内容,规定了体育、教育部门各自工作任务,并提出从全市战略层面部署和推进"体教结合"工作。在新一轮的改革中,如何将"体教结合"变成"体教融合"是决定"体教结合"工作成败的关键。

1."举国体制"的转型之路

　　我国在"体教结合"的体育与教育发展阶段,采用"举国体制"的方式对一些项目进行资源倾斜,目的是提升我国体育水平和国际综合竞争力。"举国体制"是在我国社会主义初级阶段,国家调动相关力量、资源和各方面积极性在某些项目上聚焦发力,为了在国际竞技体育赛事上取得成绩,所采用的一种方式和制度设计。随着当下社会经济的不断发展,"举国体制"下的竞技体育发展的问题也逐渐显露出来,表现在群众体育的发展水平与竞技体育不同步、不协调;与此同时,还存在学校体育、教育"缺位"和学生身体素质发展不佳等问题,都引起了社会各界的广泛关注。

　　"举国体制"的僵化从源头阻碍了体育系统与教育系统的深层次融合,这一点在"体教结合"的模式中就已经凸显。而"体教融合"作为"体教结合"的发展与高级形式,所追求的竞技体育融入学校教育之中更是与"举国体制"的政策呈针锋相对之势。

　　随着我国体育大国地位的确立,国家应改变观念,使得竞技体育与群众体育均衡发展,体育训练与文化教育齐头并进。只有摒弃"金牌至上"的观念,才能解决学训矛盾问题。

　　在 21 世纪,市场经济迅速发展,"举国体制"的转型之路也应搭上这班快车,向着由政府主导、市场运作、社团参与的"三元治理模式"发展,建立多元化、全民化的竞技体育管理模式。竞技体育应该树立"夺标、融资、育人"相结合的思想理念,"夺标"就是提升竞技水平以获得成绩;"融资"就是提升经济效益;"育人"就是提升我国运动员的竞技水平和各项素质,最终向着经济效益最大化的职业体育发展。

以政府为"行为执行者",以市场为"版图",以社团为"助力推手",加深政府与市场的联系,形成多元化的职业体育路径。从政策的源头上加以改革,铺平"体教融合"之路。

想要实现"举国体制"的顺利转型,"体教融合"模式为关键一环,将竞技体育融入学校教育之中,培养出的高水平竞技体育人才同时也是全面发展的人。从竞技体育模式的发展运行机制我们可以看到,"体教融合"还将为职业体育提供全方位发展的高端体育人才。

职业体育之路与"体教融合"的模式,将打破"举国体制"中运动员过早被剥离教育系统的现象,还原人的本质,在全面发展的基础上,选择兴趣爱好,投身体育事业。

"体教融合"的根基在于竞技体育后备人才,而教育系统的应试制度又造成了人才的流失。这就需要我们革新观念。从我国的国情来看,我国正处于从应试教育向素质教育的转型时期,目前仍然无法摆脱通过应试教育选拔人才的道路。

我国自20世纪80年代就着手对竞技体育后备人才的培养,在1986年、1990年和2002年,国家分别颁布了《关于体育体制改革的决定》《学校体育工作条例》和《关于进一步加强和改进新时期体育工作的意见》来促进学校体育的发展和竞技体育后备人才的培养。

但这些依旧远远不够,想要将竞技体育后备人才培养也纳入教育体系,就应当在日后的改革中将青少年运动员的培养放置在普通的中小学校园之中,打通"体教融合"上下贯通的人才体制,向着为高校培养输送高水平竞技人才的方向发展。

2.打破教育壁垒的"综合化"之路

人们已经在社会发展的问题上达成如下共识:社会发展是全面和可持续的发展,而且社会的发展具有协调性和整体性。社会的可持续发展要求人们建立一种和谐发展的新秩序;与此同时,人们认识问题、解决问题的方法和手段也将发生改变。伴随社会经济的发展和科学技术的进步，人们需要更多的知识来解决问题，而仅仅靠单一学科是不可行的，需要多学科融合、交叉运用来攻克难题，由此可见学科"综合化"的必要性。

在我国基础教育乃至高等教育之中的体教割裂现象由来已久，体育作为一门"副科"，常常游离于大众视线之外，运动员也被定义为"四肢发达，头脑简单"。然而事实上，问题不仅在于运动员文化教育的缺失，更加严重的情况却是近30年来我国青少年的身体素质每况愈下，在目前我国现有的教育体制下，仍然存在重视学习，忽视体育的现象，这严重制约着学生身体健康的发展和体育水平的提升。国家虽然意识到问题的存在，号召开展"阳光体育"运动，并对青少年体质健康水平进行跟踪测量，但从结果上看收效甚微。

普通学生体质健康堪忧与运动员文化教育缺失的情况同样严重，"体教融合"的目的是将竞技体育培养体系融入教育体系之中，让竞技体育后备人才的培养反向促使教育部门重视体育学科存在的重要性。

所谓"融合"不应仅仅流于表面，停留在体育或者教育的宏观层面上，还应深入其中，进行学科的综合化。体育自古以来作为人类教育活动已有的形式，却在现代的教育事业中被边缘化。体育学科的纵深发展离不开其他学科的支持，为适应社会需求，除体育教学专业外，社会体育、体育管理、运动训练、民族传统体育、运动人体科学、体育产业经营管理、体育新闻、体育旅游等专业也在高校悄然兴起，体育学科正面临前所未有的综合大发展局面。

体育学科的综合发展势必要求投入更多的资源，在非体育类的综合性高校之中，有关体育学科的资源相对匮乏。体育学科所要求的资源在学科综合化的进程中，已不仅是一块操场、一个体育馆或者一些体育教学器械可以满足的，专业师资、实验室都是所要求的重要资源。

综合高等院校本身作为一个兼收并蓄的平台，包括了学科所要求的大部分资源，只不过在现行的教育环境下，各个学科乃至各个院系之间壁垒森严。以某大学为例，各个院系都有自己的图书馆，如果本校学生需要跨院系借书还须经过层层申请，手续烦琐至极。仅借书一项就困难重重，更何况其他比如教学设备、实验室或是师资力量的调配更难。

要想提升教育综合水平，培养出现代社会所需要的复合型人才，必须消除行政制度的烦琐，消除院系间隐形的壁垒，相互开放资源、整合利用，达到利益最大化。

除此之外，我国高等院校存在与基础教育相同的弊端，将重心放在知识的传授上，对体育不够重视，同时也忽视对人的心理素质和人文精神的培养，不利于学生的全面发展。体育学科作为一门基础学科，能够强健体魄，磨炼意志，提高心理素质，为大学生的学习和生活打下坚实的基础。

当然，我们所指的体育学科并不只是狭义层面上的运动锻炼，体育管理、体育社会学、运动训练、民族传统体育、运动人体科学、体育产业经营管理、体育新闻、体育旅游等这些新兴的综合学科都已经属于体育学科。

在如今我国的教学模式中，有一个误区是将有关体育类的综合学科剥离出来，形成体育院系教学的模式。其实体育管理或体育社会学，都应该是以管理学和社会学为大学科，体育管理和体育社会学为其中一个分支，它们的教学更应放在管理学院和社会学院中进行。唯有在宏观学科指引下，才能更好地对综合学科进行理解与阐述。当然在现在的国情下不能完全实现这样的做法，那便更需要加强与其他院系的沟通联系，整合师资力量，共享物质资源。比如运动人体科学可以与学校的医学院联合，共用实验设备；体育管理、体育产业经营、体育新闻等学科可以与管理学院、商学院、新闻传播学院建立良好联系，无论是师资整合，还是学生之间相互沟通交流，共同完成实践，都有利于各自学科的全面性、综合性发展。

学科与专业建设在高校工作中具有非常重要的地位，在科技迅猛发展、连续扩招、高等教育竞争日益激烈的背景下，高等教育的综合化有利于形成优势学科群体，更加合理、有效地利用有限的办学条件，提高办学效率，降低办学成本，达到人、财、物的合理利用，培养更多符合21世纪时代要求的复合型人才，推进高校全面可持续协调发展。

3.可持续发展的"体教融合"之路
（1）建立"体教融合"培养模式
"体教融合"共有六种模式，分别是自主招生培养模式、竞技运动学校模式、"一条龙"培养模式、直接引进退役的优秀运动员模式、联合办队或直接招收现役的优秀运动员模式以及"三位一体"模式。这几种模式各有优劣,但共同暴露出的问题大多是,宏观上的"体教结合"提出目的与实际不符以及微观上严重的"学训矛盾"。

在"体教融合"过程中,要想改变这种现状,就必须对这些培养模式进行改革整合,实现人才培养模式最优化。

从"体教融合"的目的与意义来看,培养模式设计的核心内涵应当是关注人的全面发展,这就要求培养模式从"以人为本"的育人角度出发,培养学生运动员。首先,高校应和中小学建立紧密联系,构成教育体系内的培养路径;其次,严格落实国家出台的特殊招生政策,利用高考或者自主招生选拔学生运动员;最后,在高校内建立完整的管理体系,保证学生运动员的学习与训练、生活协调发展,为学生运动员日后有可能走上的职业化道路打下坚实基础。

(2)树立大教育观

高等院校作为"体教融合"实施的平台和学生运动员全面发展的保障,必须树立先进的教育理念。

所谓大教育观,一是注重课程目标的完整性,强调学生的全面发展;二是重视基础知识的学习,提高学生的基本素质;三是注重发展学生的个性;四是着眼未来,注重能力培养;五是强调培养学生良好的道德品质;六是强调国际意识的培训。融合性课程目标体现的就是一种大教育观。

根据时代要求,树立大教育观,促进人的全面发展,同样也有利于竞技体育的发展。树立大教育观是贯彻落实科学发展观的具体实践。我国教育界和体育界应转变观念,统一思想,充分认识竞技体育在教育中的特殊作用,把运动训练安排在体育课堂和课外活动各个环节;重视竞技体育的地位,促进其与教育深度融合,发展以健身娱乐育人和夺标育人为目的,以运动训练为主要手段的学校体育。学校在"体教融合"中扮演重要角色,因此,在培育全面发展的人的同时,也应充分体现"以学生为本"的理念。

这里将探讨从宏观制度与微观实践两个方面改革体制,树立大教育观。

第一,宏观制度。

①扩大高水平运动队设置范围。根据普通高等学校招收高水平运动员办法,各招生院校应对高水平运动员招生计划进行合理编制。其中:本科院校招收的高水平运动员的人数控制在本校该年度本科招生计划总数的1‰以内,高职院校招收的高水平运动员的人数控制在本校该年度高职招生计划总数的1‰以内。

高水平运动队招生人数的限制,极大地制约了高校体育的发展,要想将竞技体育后备人才的培养融合进学校之中,就必须扩大试办高水平运动队学校范围,让更多的学校与后备体育力量参与进来,形成良性循环。扩大试办高水平运动队学校范围有利于接收竞技体育后备人才,减少青少年体育人才的流失,为竞技体育选拔人才提供坚实的基础。同时也为专业竞技体育人才退役后的学习与生活提供资源,扩大选择面。

②增加运动项目设置。如表4-1所示,我国高校高水平运动队设置有38个项目,与奥运会的设置项目比较仍有许多欠缺,并不能包含全部。"体教融合"的真正目的是"融体于教",使得教育产业也成为培养高水平竞技运动的摇篮。要达到这一目的必须在现有的条件下,增加项目设置,使其与国际赛事接轨,充分利用体育系统所具有的体育训练的资源加速推进学校建设。增加项目设置也能更广泛地为高校吸引人才,让高校更全面地培养人才。同时也应当大力发展武术等民族传统体育项目,将中国的民族传统体育推广到世界各地。

高校高水平运动项目设置中,还包括了尚未成为奥运会项目的定向越野、武术、藤球等项目。这说明了高校高水平运动项目设置也同时顾及了国情与实际,没有一味地为竞技运动而服务,而大力发展这些项目也为大学生的学习生活增加了不同的趣味与色彩。

表 4-1 高校高水平运动队运动项目设置情况

项目	数量
田径	206
篮球	162
足球	105
排球	81
健美操	70
乒乓球	69
定向越野	28
沙滩排球	4
国防体育	1
艺术体操	1
武术	65
射击	7
跆拳道	9
游泳	52
射箭	1
柔道	3
网球	32
藤球	1
地掷球	1
手球	5
跳水	5
举重	1
羽毛球	26
攀岩	5
击剑	7
橄榄球	2
水上	13
自行车	1
水球	1
冰雪	14
航模	3
棒球	5
户外	3
垒球	3

项目	数量
棋牌	13
曲棍球	1
摔跤	2

③严格规范录取资格。我国的高水平运动员的录取标准是年龄在22周岁以下并且符合以下任一条件：

其一，从高级中等教育学校毕业，获得国家二级运动员（含）以上证书且高中阶段在省级（含）以上比赛中获得集体项目前六名的主力队员或者在个人项目上获得前三名的。

其二，具有高级中等教育同等学力，获得国家一级运动员（含）以上证书者，或近三年内在全国或国际集体项目比赛中获得前八名的主力队员。招生学校将在省级教育行政部门的协助下对学生的资格进行认定。同等学力报考的学生必须向招生部门和教育行政部门提供相应的学习证明与成绩单。未经资格认定的学生，即使拥有同等学力，也不能报考。

我国在招生过程中有严格的规章制度的要求，但往往在执行过程中不够彻底。从可持续发展以及终身教育的角度分析，这种做法不利于学生的全面发展。例如有很多运动员文化素质较差，但运动成绩尚可。

我国高招实际情况如下：

运动员考生只有在体育专项测试合格后，才能在户口所在地参加全国普通高校招生统一考试。根据学生填报的志愿，省级招生办会向招生院校提供档案，然后院校根据国家有关规定和招生简章对学生进行录取。高职（专科）专业对考生高考成绩的最低要求是学生体育专项测试成绩合格且高考成绩达到生源地高职（专科）第一批次录取控制分数线。本科专业对考生高考成绩的最低要求是学生体育专项测试成绩合格且高考成绩达到生源地本科第二批次录取控制分数线。对确有培养前途，高考成绩达到生源所在省（区、市）本科第二批次录取控制分数线65%，少数体育专项测试成绩特别突出的考生，招生院校向生源所在省级招生办申请并提供相关名单,应分别在本省(区、市)招生信息发布平台上与本校进行不少于 14 天的公示并报经生源所在省级招生办和招生院校批准,考生录取人数不得超过招生院校当年录取高水平运动员总数的 30%。经生源所在省级招生办审核批准后,方可办理录取手续。

教育部还规定了以下高水平运动员单考招生办法:

一是获得一级运动员、运动健将、国际健将及武术武英级(或以上)称号之一的考生,经本人申请,可参加招生学校对其文化课组织的单独考试。

二是语文、数学、外语为必考科目,招生学校组织单独考试的考试科目不得少于三门,考核标准不得低于高中毕业考试的要求。

三是单独考试招收的一级运动员人数不能超过本校招收高水平运动员人数的 20%。

四是招生学校应从文化课单考及体育测试成绩合格的考生中,确认能够完成专业培养教学任务的考生名单。将拟录取考生名单报生源所在省级高校招生办公室核准,办理录取手续。

综上所述,我国的高水平运动员录取制度是一体两面,既严格又不严格。严格的方面来看,高考制度一考定终身,还有户籍制度的地域限制;而不严格的方面来看,规章制度中设立种种满足特殊条件后的特事特办条款,虽有了很大的机动性和灵活性,但也留下了巨大的隐患和漏洞。如破格录取之后没有限制条款,被录取的特殊人才在欠缺的方面很可能得不到发展而继续欠缺,无法进步。

学校体育是体育的基础,我国的"体教融合"制度要想得到长足发展,培养出全面发展的学生运动员,就必须从源头抓起,严格规范录取制度,调整录取政策。应设立全国统一的大学生运动员资格标准,运动成绩与文化成绩相辅相成,缺一不可;使培养主体的体力和智力均衡发展,为培养主体的全面发展打下基础。

招生过程应有统一标准,规范运动员的招生办法,要打破省市和学校招生制度的禁锢。招生过程应不影响学生学习,对招生的细节要有严格的规定和限制,以保证招生公平。

第二,微观实践。

①统一管理办法,细化毕业要求(表4-2)。

表4-2　高水平运动队管理办法(%)

管理方式	比例
(1)全部集中在某一个专业,与普通学生一起上课,由所在院系负责训练以外的一切事务	15
(2)自由选择专业,分散在不同的院系,与普通学生一起生活,体育部负责课余训练	4
(3)由体育部负责一切事务,有专门的教学计划和进度,集中生活、学习、训练	5
(4)先进预科班学习一年,再入本科专业学习4~5年	5
(5)学习要求与普通学生无差异,拿学分,可延长学籍(宽进严出)	7
(6)降低文化课要求	64

如今,高校高水平运动队的管理模式没有统一要求,各高校根据自身特点制定了多种管理办法,但有六成以上的学校都为高水平运动员开了"绿灯",降低文化课的要求。

此外,高水平运动员在学习方面享受一定的优惠政策,六成学校在获得运动成绩时会给予相应的考试加分,其他的学校也有免除部分科目、奖励学分、减免学时等优惠,甚至无运动成绩也可以给予考试加分。

以某大学为例,学生手册中高水平运动员学生学籍管理细则第九条明确规定如下:

首先,为鼓励高水平运动员在竞赛中取得好成绩,学校给予运动员竞赛奖励学分,获得运动竞赛奖励学分可申请免修相应学分的选修课程。

其次,运动竞赛奖励学分总数不能超过30个。适用于所有在运动竞赛方面为学校争光的运动员。个人项目和田径、游泳中的接力,乒乓球、羽毛球中的双打,健美操中的双人、三人、六人项目等,以实际取得名次计算,同一赛事取得多个名次以最好名次计算。篮球、排球、足球等集体项目,按比赛规程规定报名人数,70％主力按实际名次奖励学分;其余按次一个等级奖励学分。

第十一条本科特招高水平运动员学生学士学位授予条件如下:

(1)热爱社会主义祖国,拥护共产党领导,愿为社会主义现代化建设服务,遵纪守法,品行端正。

(2)系统地、坚实地掌握本专业的基本理论、基本知识和基本技能,经审核通过后准予毕业。

(3)通过校内组织的学位英语考试,成绩合格。

(4)在校读书期间,至少有三年获得竞赛学分的记录并取得8个训练学分。

(5)对满足上列第1、2、4条件者,在授予学士学位时,可对第3条不做要求。

目前我国重视运动员的文化教育,各高校也在探索运动员文化教育的新模式,努力提升运动员的文化素质水平。当下的运动员文化教育体系是为了运动员顺利毕业还是为了提升文化水平难以辨别,但是鉴于目前社会上人们普遍认为学生运动员的毕业文凭被"注水",国家要构建新的教育体系,探索学生运动员文化教育新模式,建设高校高水平运动员制度。

在学校的总体管理中加入学生运动员的学籍管理。美国的NCAA规定,正式注册的学生运动员,每学期选修的课程学分最低为12学分。学分有如下几种含义。

首先,学校普通学生的平均成绩是学生运动员所要求完成的最低成绩。NCAA的成员学校都具有学生运动员完善的学习档案,档案中包括学生运动员的学习成绩,在每年秋季,将学生运动员的成绩与学校平均成绩做比较,低于平均成绩者不能代表学校参赛,必须完成NCAA规定的获得比赛资格的学分才能参赛。

其次,学生运动员必须修完要求的学分才可以顺利毕业拿到毕业证,即使学生运动员的成绩再优秀,也不能区别对待。学生运动员因参赛所耽误的学习时间需要自己弥补回来。

最后,学生运动员的身份只能保持五年,每个年级可以参加 NCAA 比赛的时间都是有要求的,1 年级的学生运动员只能代表学校参加 4 个赛季的比赛,4 个赛季应在前 10 个学期(每学年 2 学期制)或前 15 个学期(每学年 3 学期制)内完成。所有的比赛都应该在学生运动员身份保持的五年内完成。

在国外成功案例的基础上,我国对高水平运动队管理提出了新的教育观点。培养全面发展的人体现了"以人为本""以生为本"的发展观,是教育的真正功能。"体教融合"的任务同样是促进学生全面发展。学生的首要任务应是学习,为追求运动成绩牺牲学生运动员的学习,盲目地奖励学分或免除学业任务,将有违"体教融合"关注人的全面发展的精神。

②合理安排课程与训练时间。我国高水平运动员入学后周训练次数安排情况如下:有 93% 的运动员周训练次数为 3~6 次,54% 的运动员周训练次数为 5~6 次,39% 的运动员周训练次数为 3~4 次,周训练 7 次以上的运动员比重为 3%。大部分高校运动员周训练次数安排如下:隔一天训练一次或者周一至周六训练,此外有少数学校要求学生每天坚持训练(伤病等原因除外)。运动员的次训练时间安排情况为:次训练时间为 2~3 小时的运动员占到总人数的 50%,45% 的运动员次训练时间安排为 1~2 小时,另外次训练时间为 3 小时以上的运动员所占比重为 4%,如表 4-3 所示。

表 4-3　高水平运动队训练时间统计(%)

周训练次数	比例	次训练时间(h)	比例
1~2 次	4	1h 以下	1
3~4 次	39	1~2h	45
5~6 次	54	2~3h	50
7~8 次	3	3h 以上	4

综上所述,大部分高校高水平运动队周训练时间安排为每周训练

3～6次,一次训练时间为两小时左右。而在假期,每周训练时间和每次训练时间都有所上涨,部分学校训练任务加重。

学生的全面发展需要协调各方面的发展,这就需要科学合理安排时间来进行各方面的教育。

我国高水平运动队的训练时间尚算科学合理,由于没有明确的章程进行规定,不排除个别学校为求运动成绩而牺牲文化学习的时间,所以,以法律或规定明确训练时间与学习时间的合理安排是重中之重。

教育体系研究应在保障运动员完成基本学业,达到本科水平的基础上,对运动员参加训练、比赛和进行文化学习的时间比例、安排等做适当的调整,协调好文化学习与竞赛、训练的关系。

③改革教练员工作制度。在我国高校中,教练员大部分不是全职,而是兼职,这些教练员不仅要担任教学和科研任务,还要从事运动训练工作和行政事务。

尽管国家教委曾经规定过,教练员不应该是兼职,而应该是专职,必须按照普通体育课计算高水平教练员的工作量,它的目的非常明确,就是为了提高教练员的福利待遇,从而使他们在工作上更加认真,训练水平自然而然也可以得到提升。然而,因为我国高校在进行体育工作时具有自身独特性,教师和教练员在工资待遇方面都没有差别,更不可能有具体的方法可以实施。在我国,大多数的教练员还要负责普体课,就算运动队的成绩很差,只要他们把普体课上好,就不会影响到他们的工资和职务,所以他们不会有任何的压力,而且因为待遇都没有差别,所以训练水平也得不到提升。

同时,在高校高水平运动队带队取得好成绩的时候,学校通常给予的奖励大多是现金,运动队的比赛成绩对职称晋级等影响很小。而职称晋级对于高校教师来说是职业生涯发展最为重要的一部分。

由于我国科研成果与研究者的科研能力有关,客观性高;而教学效果不易被量化和评判,影响因素多,客观性低,所以"重科研,轻教学"成为当前我国高校教师职称评定中普遍存在的现象。

一直以来我国公共课和基础课的教师教学任务繁重,并且科研项目出成果的难度要比专业课大得多。而从事体育工作的教师在全国非体育艺术类高校中十分边缘化,体育教师评职称难问题由来已久。在教学中都不能改变的职称问题,在带队训练这一方面更不能得到解决,训练水平持续得不到提升便也成了正常现象。我国高校高水平运动员的竞技水平受到这些因素的影响。所以,要想提高高校高水平运动员的竞技水平应该做到以下三点。

一是完善教练员管理制度。首先,要针对奖惩制定相应的制度,除了使用聘任制管理教练员,还需要制定相应的责任制。在评价教练员时,要结合其学生的训练成绩,特别是在比赛中获奖的次数,进行综合性的评价;当然,不能仅仅看比赛胜负,还需要结合学生在学校中的贡献进行评价。也就是说,要对教练员进行综合性的评价,这些评价不仅包括训练的技巧和质量,还包括社会的认可度、教练的管理能力等。不仅如此,还要最大限度地减轻教练员的工作压力,使他们不再陷入繁重的教学任务中,能够不断地成为专职教练员;同时,为了保证学校体育的协调快速发展,要分离"教"和"训"。

二是使训练不断趋于科学化,在提高教练员的学历的同时,还要使他们的科研水平以及理论水平得到极大的提高。针对教练员进行业务培训,使其执教水平不断地提高,并且还需要建立相应的制度,使教练员的训练突破地点和时间的限制,比如可以充分利用网络教育的方式。在不断提升教练员的自身业务水平的同时,改革政策,将教练员的职称评定与运动队的训练比赛成绩相挂钩,为教练员提升自身训练水平提供持续动力。

三是促进深度合作,加强资源共享,充分利用现有的各种教育资源,有计划和有目的地培养更多的专职教练员,在保证他们具有基本业务素质的同时,还需要使他们具有更高的师德,具有更强的自主创新能力。

④实施商业化运作,完善激励机制。学生的学习和训练动机可分为内部动机和外部动机。学生的内部动机是学生发自内心对运动、竞技的

喜爱,内部动机是希望通过参加竞技比赛获得成绩而引发的;学生的外部动机可以来自教练员的期望、家长的关心、社会的关注等运动员以外的因素,不是由学生自身产生的。良好的激励机制有利于学生内外部动机的激发。

我国九成以上的高校都未能给高水平运动员设立专门的奖学金(表4-4),而平时针对比赛或者训练所发的奖金并不能满足其平时生活的需要。根据马斯洛的需求层次理论,低层次的需要无法被满足时,便不能产生高层次的自我实现的需要。

表4-4　高水平运动员奖学金设置情况(%)

设置情况	奖学金
有	7
无	93

在美国,学校招募优秀运动员的主要手段是通过体育奖学金吸引人才。NCAA在政策上对各成员学校的奖学金颁发进行宏观控制,对每个体育竞赛项目的奖学金和奖学金人数都有严格的要求,而奖学金由成员学校来支付。这样做是为了防止因奖学金的数额差距过大,造成运动员流向的失控,致使运动项目的竞争出现失衡的现象。

如表4-5所示,我国约七成的高校高水平运动队经费来源完全依靠学校拨款,近两成的高校高水平运动队经费依靠学校拨款和企业赞助相结合,剩下的则依靠体育局拨款,以及教育局拨款、个人筹款、政府拨款与学校拨款、企业赞助之间多种结合方式维持高水平运动队的正常运行。

表4-5　高校高水平运动队经费来源情况表(%)

来源	比例(%)
学校拨款	72
体育局拨款	2
教育局拨款＋学校拨款	2
学校拨款＋企业赞助	18
学校拨款＋企业赞助＋个人筹款	2
教育局拨款＋企业赞助	2
政府＋学校＋企业	2

由于经费匮乏,打乱了奖金的设置与发放,一些高校运动队出现了勉力支撑,无以为继的尴尬局面。无法满足"体教融合"可持续发展的需要,必须开辟经费筹措新渠道。

在改革开放蓬勃发展、商业化浪潮高涨的今天,高校高水平运动队实施商业化运作,是高校体育事业发展到一定阶段的必然要求。

首先,要寻求赞助,原则上要联系有实力的当地企业,不求数量上的多,要求的是实力上的强。由于这些企业勇于争上的心态,促使他们真心愿意拿出更多的资金来赞助高水平运动队伍,这些企业对高水平运动员队伍的赞助是双向互利的。

其次,由于普通高校高水平运动队不同于奥运会、亚运会等国际大型体育赛事,体育产业运营商是赞助企业的最佳选择。虽然对于许多大型企业而言,其吸引力相对不足,但是对于地区性的体育产业相关企业而言,则具有很大的诱惑。因此,普通高校高水平运动队应该根据自身实际情况,选择本地区体育产业方面有龙头效应的相关企业作为赞助单位。

再次,充分利用多种招商形式募集资金,比如普通高校高水平运动队可以充分利用广告招商形式募集资金。

最后,实施体育运动队、体育赛事商业化运作的策略,必须注重与赞助商的长期合作。获得赞助的同时也要注重双方的和谐发展,应替赞助商主动考虑,尽量满足赞助商的要求,建立赞助的长效机制。

⑤建立完善的科研保障团队。疲劳是一种自然的生理过程,主要是指在人进行一定强度的负荷运动之后,靠应力集中的运动器官的调节功能会出现下降,同时内脏器官的功能也会出现一定的下降,导致能量不足,进而使运动负荷器官在功能上出现了一定程度的下降,使人产生不适,以及出现了代谢产物堆积和能量不足等问题。

在出现疲劳之后,如果不能及时对其进行恢复,并且再进行强化训练,这种疲劳就会一直延续下去,甚至变成一种慢性的疲劳,严重的话会导致人体的机能出现问题,无法进行训练。

人体的机能受到疲劳的影响主要在以下三个方面表现出来:

首先,疲劳导致代谢出现变化。人在出现疲劳后,体内生成三磷酸腺苷(Adenosine triphosphate,ATP),使糖代谢受到一定的影响,最后会降低血糖值,如果出现了缺氧,在血液、肌肉群中会极大地增加乳酸含量。

其次,疲劳会引起内分泌失调。在这种情况下,内分泌系统并不是以正常状态工作,在出现缺氧后,人体内的副肾皮质激素在增加的同时,还会出现人体肾上腺素上升的情况,这样一来,人体的机能就会出现一定程度的失调,进而导致抵抗力变弱。

最后,疲劳会使大脑中的中枢神经变化。在人体出现疲劳后,中枢内部的乙酰胆碱会在一定程度上减少,并且传递作用也会大大地减弱,这样一来,在传出神经冲动时变得十分缓慢,进而使人的行为出现不协调和失准。

综上所述,对疲劳进行恢复是运动训练必不可少的一个环节。然而笔者发现,在高校高水平运动队的训练过程中,有专门的恢复理疗设备的学校仅占4%,有86%的学校在教练指导下进行恢复,有2%的学校没有任何恢复手段,有8%的学校选择的是其他恢复方法,包括自我恢复。

运动员的训练疲劳与恢复在训练中起着重要的作用,它不仅影响了运动员水平的正常发挥,也对其成绩产生严重影响,为此,需要在运动训练中保证科学合理的训练与恢复。

高校有着得天独厚的科研条件与科研基础,因此,负责高水平运动队的领导与教练应与其他科系的教师精诚合作,取长补短,建立完善的科研保障团队,研究运动恢复手段与方式,为运动员积极有效地提高运动成绩提供保障。

(3)学生体育协会实体化

教育部学生体育协会联合秘书处(以下简称学体联)是教育部直属事业单位,是中国大学生体育协会、中国中学生体育协会的常设办事机构。它具有中国大学生体育协会、中国中学生体育协会两个独立法人资格。学体联是国家一级一类社团组织,主要承担全国及国际学生各级各类体育比赛及学生体育活动相关活动的组织、策划、研究、训练、市场开发工作及其他相关业务工作。

为了完成"体教融合"的构建,应当将中国大学生体育协会变成运用法律手段和完善的规章制度来管理大学生体育的部门,将开展大学校际体育竞赛纳入学校教育的基本内容,并将其当作提高学校声誉、吸引学生与资助的一个重要方面。

首先,要明确组织目标。1975年,中国大学生体育协会(以下简称大体协)正式成立,到现在已经走过了40多年,随着社会的不断发展,加上组织的愿望和现实需求的不同,使得组织的目标和宗旨发生了多次改变,不断自我更新和完善。目前对大体协来说,它的组织目标就是希望能由教育部领导,按照体育总局的要求和指导对国家的体育方针进行认真贯彻和落实,为了使高校更好地开展体育训练,它为教育提供一定的协助。对大体协而言,它希望可以培养更多的体育人才,同时为学校体育事业的发展提供动力,使我国大学生在提高文化素质的过程中不断地提高体育技术;不仅如此,为了使我国大学生和世界其他国家的大学生有更多的交流和切磋,大体协为我国大学生积极创造机会,不断与亚洲乃至国际的体育机构合作。

从目标价值方面来看,大体协重视的主要是依靠学生的课余训练来提升学生的体育竞技水平,通过大学生参加国际上的运动赛事来提升学校和国家的体育知名度。大体协要以现在的发展为基础,努力使大学生的体育兴趣和能力得到极大的提高;在使大学生全面发展的同时,还使他们的业余生活更加丰富;此外,要致力于使高校的体育水平和教练员的能力都得到极大的提高。与此同时,大体协还要与世界其他的体育机构进行更多的沟通和联系,组织更多的交流活动,使大学生接触更多高水平的体育人才。

其次,要明确职能定位。随着社会经济的不断发展,市场经济体制也在不断完善,伴随政府行政体制的改革,学生体协的管理也逐渐由政府转向社会。所以,应先转变教育部体卫艺司的管理方式,不再对高校体育教学和体育竞赛直接领导和微观调控,应转变为间接调控和宏观指导。这些转换有助于学生体育竞赛的发展和改革,实现大体协的具体责任。同时,要完善学校的体育训练和竞赛的规章制度,改革大体协的会员制度,将单一的会员制度改为更加多元的会员制度。此外,要促进高校学生运动员、运动队、教练员和管理人员的可持续发展。

目前,我国在努力推行高等教育,所以大体协的业务不断地增加,为此,它需要满足更多学生的要求。不仅如此,参加国际体育竞赛的大学生也越来越多,提升了大学生运动员的体育水平并拓宽了其思维视野。另外,社会对大学生运动员的要求也在不断提升。由于失去了政府的管理,我国的大体协现在所面临的责任比以往更大,所须承担的压力也更大,所以对大体协来说,除了要具有对资源进行调配的能力,还需要具备一定的综合管理能力,只有这样,它才能实现自身的责任,完成历史赋予它的使命。

最后,要优化结构和组织,在保留现有的有效机构的基础上,按管理职能增加一些相关部门,整合优化成为重要却精简的分支结构。

(4)构建学校竞赛体系

第一,明确项目布局。

"奥运战略"是我国体育发展要实现的一个重要目标,所以,在发展学校体育时需要和"奥运战略"进行完美的衔接,根据此目标对学校的项目进行布局,从而更好地进行竞技体育后备人才的选拔培养。

首先,在布局学校体育中的项目时,必须考虑到学校自身的特点,以此为基础,使其发挥出自身的优势,只有这样才能使学校不断获得发展。我们要充分挖掘自身优势,利用各省的招生办,初步提出我国的高校体育项目布局策略。在专业性的体育院校开展柔道、摔跤、跆拳道、自行车等单人项目;在沿海城市高校开展赛艇、划船等水上项目;在综合性高校开展足球、篮球、排球、田径、网球、棒球、射箭等项目。

其次,学校的项目布局要为我国竞技体育发展的目标服务。当前我国竞技体育不仅要在奥运会上为国争光,还要实现可持续发展。想要顺利实现可持续发展的目标,必须经过起步、发展以及成熟期。重点有以下方面:在整个战略中,核心部分就是人力资源的建设;在中期发展中,其重点不仅是让体育实现国际化和科学化,同时还要实现产业化和社会化;而在远期战略中,其重点是对管理体制的建设。学校竞赛体系的建设应以给竞技体育提供优秀人才为出发点,成为竞技体育"社会化、产业化、科学化、国际化"建设的依托。

最后,学校的项目布局要按照项目特点对资源进行整合与优化。整合与优化学校现有资源,能够为项目提供保障,促进资源共享、优势互补,实现资源配置最优化。

第二,划清竞赛分层。

①按竞赛区域划分。我国的地域跨度比较大,所以组织全国性的学生体育竞赛有一定的难度,学生体育协会可以划分学生体育竞赛的赛区,比如根据行政区域划分为西北、华北、东北、西南、华中、华东、华南等区域,每个赛区都有各自的体育协会,并且组织单独的竞赛。

在组织竞赛时必须遵循以下三个原则:一是增加比赛场次原则,通过校级、区级、国家级的比赛,增加锻炼机会;二是利用节假日原则,以减少对文化课学习的影响;三是有利于发现、选拔和输送人才原则。

②按竞赛等级划分。全国及以下各级大学校际运动会实行分级赛制,将各成员学校划分为超级联赛(全国比赛排名一至八名)、甲级联赛(全国比赛排名九至十六名)、优胜赛(十七名及以后)。各级学校还必须保证各个项目每年的最低竞赛场次及个人项目的最低参赛人数,以保持其在全国大学生体育协会中的成员资格。

第三,加强竞赛监督。

为保证竞赛公平、公正进行,需要对比赛分层、运动员参赛资格、违规等诸多方面制定可操作性强的法规制度。竞赛监督需要从两方面进行,一是成立监督体系,二是制定竞赛法规体系。

我国现有的监督体系可分为以下四种:

一是法律监督。我国虽然制定了《中华人民共和国体育法》等相关的法律法规,不过其中的相关规定严重缺乏针对性和逻辑性,也不够系统化。其中:针对职业体育中的犯罪行为虽然有了相应的规定,但是这些规定没有多少操作性,这就导致在发生此类行为时无法对其进行有效的处罚。

二是行政监督。我国主要是由专项协会以及专项管理中心负责针对职业和业余比赛制定规则,小到省市级的比赛,大到国家级的比赛,都由这两个机构负责。这就是说,负责制定体育竞赛相应监管制度的人同时还是对其进行监督的人,这就容易导致监管机制不起任何作用。

三是行业监督。在我国无论是业余体育竞赛,还是职业的体育竞赛,都是由仲裁委员会和竞赛纪律委员会处理赛事纠纷、处罚违纪违规行为的。这两个机构是由体育竞赛机构专门设立而成的,但基本上由一些兼职人员组成。目前看来,在这些机构中,工作人员无论是在权威性,还是法律资质方面,抑或他们处理问题的能力方面都存在很大的欠缺,没有发挥出应有的作用。

四是舆论监督。在对现在的体育竞赛进行监管的过程中,新闻媒体发挥出的作用越来越明显,并且影响与日俱增,对体育赛事中出现的严重违法行为,新闻媒体总是能在第一时间对其进行揭露。但从总体上来看,仅仅依靠新闻媒体发挥监督作用是远远不够的,由于无法得到法律上提供的保障,在对行政类的活动进行监督时,媒体受到很大制约,这就导致在监督执法和司法过程中的违法行为时,媒体发挥的作用十分有限。

监督体系的完善主要从以下四种监督方式入手:第一,要建立健全体育法律法规体系,注重系统化以及可操作性;第二,准确定位行政管理的功能,将它的目标确定为打击各种体育违法行为,并且保证严格执法,在执行时按照该目标对自己进行严格的监管,要制定相应的监管原则,保证其有效性,只有这样才能得到市场的信任和认可;第三,要尽可能地发挥出行业内监管和自律的作用,即便是兼职人员,也要定期培训,提高自身工作能力;第四,强化传媒及网络媒体的监督功能,用法律事实提供保障。

竞赛监督体系包含竞赛委员会、运动员资格审查委员会、竞赛监督委员会以及委员大会几个部分。竞赛委员会的主要任务是制定和修改规章制度;运动员资格审查委员会的主要任务是审核参赛运动员的年龄、学习成绩等是否符合参赛层次的要求;竞赛监督委员会的主要任务是对违反竞赛规章制度的学校及运动员个人进行处罚。

第四,扩大竞赛市场。

在"体教结合"的培养模式中,训练比赛所需要的各种经费往往都是要通过"等""要"和"靠"得来的。而在"体教融合"的培养模式中,必须发挥出学校所具有的最大优势,尽可能拓宽筹资渠道。例如打造学生赛事品牌,提高学生赛事知名度;各级体育协会成立市场开发部,共同研讨赛事市场开发策略;以赛事为载体,展示宣传资助企业,提高企业知名度。但在扩大市场、打造品牌的同时,也要防止商业化过度入侵,损害学校体育本质,并且正确处理竞赛市场化与运动训练的关系。

体育赛事要尽可能地发挥出它最大的商业价值,为此必须将赛事与实际的经济活动进行完美结合,使体育赛事逐步走向社会化,只有这样才能使企业更多地参与体育赛事;在进行体育赛事的时候,应尽可能地和大企业合作筹办,甚至完全交给大企业,这样大企业至少可以承担一些体育费用。

针对赛事,要充分利用它的场地发挥出宣传作用,面向社会进行招商,比如制作一些纪念画册,在球衣上为企业打广告等。在举办赛事的时候要给予企业冠名权,这种冠名对企业来说是极具诱惑力的,能够起到很强的宣传效果,正是如此,很多的企业才争相参与体育赛事,冠名主要可以分为运动队冠名、单项冠名以及总冠名。这样在举行赛事的时候,就可以为企业插播广告,如果是重大的赛事,那么还可以针对国外媒体出售转播权获得收益等。企业在对比赛进行赞助的时候可以利用购买一定量的入场券,或者提供一些体育器材和其他一些用品的方式进行。如果体育赛事足够大,那么可以经过大会确定,指定一些知名商品或者商店对比赛进行赞助,同时尽可能地使企业知名度得到提高。

(二)构建"体教融合"运行机制

在系统运行中,其构成要素间相互连接、影响的途径、方法、原理的总体,称为机制。而通过人们主观设立,为了达到目标、满足需求的机制,称为运行机制。

由此,"体教融合"的运行机制是指追求学校竞技体育取得成绩时,"体教融合"的所有构成因素间相互连接、影响的作用过程和作用原理的总和。

按照社会学的分类方法,"体教融合"的运行机制可具体分为如下五个二级机制:负责提供动力的运行动力机制;整合资源,协调各部分,维持整体性的整合协调机制;保证系统运行稳定有序,决定系统走向和进展的系统控制机制;为系统成员提供物质资源,满足其基本生活需求,保障系统长久运行的运行保障机制;采取合理方式,激发系统成员主观能动性的动机激励机制。这些二级机制的作用体现为引导系统成员的行为方式和价值观念与"体教融合"倡导的目标趋于一致,激发"体教融合"活力,努力实现总目标。

1. 运行动力机制

社会、集体或系统的稳定有序运行离不开充足的动力。系统运行规律明确指出,维系系统长久发展、有序运行的前提之一是确保适度的动力。具体分析"体教融合"系统的动力机制,可细分为由小到大的三个层次。以运动员、教练员为代表的个体层次,一般指向学校的群体层次,以国家和社会为代表的社会层次。每个层次中的主体的需要都是推动"体教融合"运行的动力。

个体层次的需要一般表现为获得在校受教育机会,提高运动成绩,提高教学训练成绩,满足竞技需求,获得个人荣誉等;群体层次的需要一般表现为提高学校名望,完成办学目标,获得经济支持等;社会层次的需要一般表现为完成国家教育目标,提高国家教育系统竞技体育水平,为国家体育事业发展奠定基础。

完善的系统需要适度的运行动力。动力不足可能会使各利益主体缺乏积极性;动力过大又会导致系统秩序被破坏,引发混乱状态;只有适度的运行动力才能既满足利益主体的需求,又维系着有序稳定的社会、体育环境。因此,在实际操作中我们要控制管理各动力主体效用的实现,保证国家、集体、个体三个主体各自的效用协调发挥,使整体效用大于各部分的简单相加,而非相互背离。

首先,国家的功能定位需要转化,形成从管理到服务的转变,充分发挥政府在体育事业开展中的指导与服务作用,使学校提高培养竞技体育后备人才的积极性和潜能。其次,各学校作为中间机构,起到承上启下的作用,有传达学生运动员需求、增强集体凝聚力,以及同心同力实现组织目标的职能,并且要协调好个人利益和集体利益。同时,在校运动员也要更加积极、主动地参与体育活动,以自我的全面发展为目的,积极完成训练,追求自身价值的实现,只有自身价值得到充分的实现,才能为国家做出更大的贡献。

2.整合协调机制

任何系统运行时,问题和矛盾的出现都不可避免,并且由于内外环境的变化,内外各主体之间利益也会有所冲突,影响系统运行,各种不同的利益和资源就是整合协调机制的整合对象。

在实际中比较常见的例子就是,在校运动员一方面要耗费较多的时间和精力进行体育训练、参加比赛,争取好的成绩;另一方面作为学生,有着学习文化知识、参加考试的重任。这二者必然会相互影响,产生矛盾。这正是在开展"体教结合"过程中,学校普遍面临的重大挑战,是亟须解决的问题。所以,我们在应对这一问题,消除运动员训练障碍时,必须通过整合协调机制,整合教学计划、课程设置、师资力量等教学资源,协调学校各部门人员,形成一套有助于高水平运动员持续发展的制度。

具体做法如下:一是要树立科学发展观,坚持以人为本,培养全面、可持续发展的竞技体育人才。提高学校在竞技体育事业建设中的地位,以培养竞技体育后备人才为整合中心,追求我国竞技体育水平的上升和社会主义人才的全面发展。二是要整合国家、集体、个人各主体的利益。在不违背国家和集体利益的前提下,实现个人利益。保持个人利益与国家、集体利益相一致,个人利益与国家、集体利益相互促进。三是要开展文化整合。发挥学校、社会媒体等的引导作用,弘扬正确价值观,使集体、个体的目标与社会、国家的目标相一致。

有关政府部门和民间组织要通过"整合机制"的恰当运用,对有限的资源进行最为合理有效的配置,向"体教融合"的更高层次迈进。

3. 系统控制机制

英国著名数学家诺伯特·维纳(Norbert Wiener)在 20 世纪 40 年代提出了控制论。控制论的主要内容是,随着时间的推移,人们根据事物发展的规律,推算出一个事件或者一系列事件的发展走向。如今,控制论已广泛运用在各个地方。

社会控制这个概念的原理在于,处于社会的个体或者群体,按照一定的原理、一定的规则进行各种社会活动。调动社会力量和使用各种手段,能够使处于社会中的个人和群体遵守规则,使得社会有条不紊地运行。

控制手段是在整个过程中最重要的一个环节。控制手段是否严密,是否合理,决定了控制论是否能够完整地进行。这就要通过研究被控制对象的变量来实现,只有清楚掌握了被控制对象的变量,强化控制环节,促进控制机制强化与发生效用,才能够建立一个完整的控制系统。

控制手段有很多种,一般来说,可以通过制度控制、组织控制、人文控制和目标控制这几种方法,来达到"体教融合"的目标。社会上的个体和群体都能达到"体教融合"的这个秩序,就是遵循了"体教融合"的控制机制。

建立规章制度是保障"体教融合"系统正常运行的关键点,人们能够在良好制度的影响下有序行动,推进"体教融合"系统的正常运行。

制度控制手段是保障"体教融合"系统的根本,而组织控制是提高"体教融合"系统效率的关键。组织控制可以合理分配教练员的数量,合理安排运动员的训练时间,加强运动员日常生活管理、学习管理等,使得整个"体教融合"系统效率更高。

在整个系统运行的过程中,最先要确立的就是系统的总目标,运动员在训练的过程中,要不断向总目标靠近,运动员在向目标靠近的过程中可以找到自身的不足,找到训练环节出现的一些错误。在训练的总目标定下来之后,可以继续向下设立子目标,子目标可以是每一次的训练,也可以是一个阶段的训练,通过每个子目标的设立和实现,运动员就能很清楚地知道自己的哪一个环节比较薄弱,在哪一个环节经常犯错误。采用目标控制方法就能避免每个环节中容易犯下的错误,也能避免同样的错误反复出现。

人文控制指的是要不断树立以人为本的理念,把尊重人、关心人时时刻刻放在心中,这样就可以调动系统内每个人的积极性和创造性。人文控制的最终目标是使得运动员在"体教融合"整个系统中,发挥属于自己的作用。人文控制手段可以通过灌输民族精神和价值观念等方式,将积极的思想根植于运动员的心中。

4. 运行保障机制

"体教融合"系统也需要运行的保障机制。例如物质、能源、信息这些都是系统运行密不可分的要素。只有保障这些要素的充足,才能够保障系统运行的完整性。

大学生运动员走向国际竞技场,是如今人们所期盼的一个方向。但是这个方向的达成,光靠学校的支持是不够的。大学运动员走向国际竞技场需要的不仅是学校的教育,还需要资金的支持。社会上的支持和帮助可成为这笔资金最大的来源,只有大家都支持,这个目标才能够更快地变成事实。

高校运动员有属于自己的长板和短板,高校运动员的文化素质相较于专业运动员来说水平更高,但是短板也非常明显,在高校的运动队中,没有专业的教练,像是上过国际赛场的运动员,在退役之后也无法进入高校成为教练。为进一步推动体教融合,学校必须解决教练专业度不高的问题。学校可以整合社会各方面的力量,对那些退役的运动员敞开怀抱,让他们将专业赛场上的体育知识和实战经验传授给学生。

高校的硬件设施也是一个不容忽视的问题。许多高校的硬件设施建设根本跟不上运动队的训练规模,当运动队需要高强度训练的时候,硬件设施不足的问题也是最值得关注的。这就要求高校积极解决硬件问题，如若在短时间内无法改善，就需要科学划分训练场地，科学安排训练时间，以达到训练效率的提高。

对运动员的后勤保障也要跟上。运动员的饮食营养、作息规律和伤病恢复都要在学校内得到保障。

5. 动机激励机制

从"体教融合"这一系统来看，激励机制激发了培养主体的主动性、积极性与创造力，而积极性是通过满足各种合理需求激发调动起来的，马斯洛的需求层次理论印证了动机激励机制，积极性是学生运动员在训练的时候最需要的，学生运动员要树立正确的三观，使其行为活动和思想观念都符合社会主义核心价值观要求。

激励机制包含激励标准、激励手段和激励过程三个要素。

激励标准是激励机制的核心。只有制定全面科学的激励标准，才能使得激励机制对学生起到真正的作用。从前针对学生运动员的激励标准，更多的是以成绩为主。但是在现在立德树人的教育理念下，应该从思想、文化、成绩三个方面入手，更加全面地制定规范统一的激励标准。

激励手段方面要摒弃从前的老办法，采取正向激励、负向激励等多元的激励方式。

激励过程的内容十分复杂，因为在这个过程中要考虑许多个人主观的因素，比如个人的意愿、目标、想法、意图等。而在过去的激励机制中，往往都不太关注激励的过程，只是通过刺激该过程中的变量来达到激励学生的目的，而不是通过找寻其他方面的变量。最后只关注结果，也就是学生运动员的最终成绩，根据最终的成绩发放奖金。学校应该改变这种单一的激励模式，除了物质激励，学校应该多考虑对学生运动员精神方面进行激励。比如对于成绩大幅提升的学生，不仅可以适当发放一些激励奖金，也可以通过言语的夸赞进行激励。除此之外，对于那些每天按时上课的学生，也可以适当奖励一些学分。按照这样的思路，学校可以把激励的方式多样化，尽可能让所有学生都感受到被重视，从而获得激励。

学校对学生运动员的激励手段也应该多样化。除上述的个体激励之外,也应当重视群体激励效应。对学生运动员的激励应该做到长期性,从而形成一个良好的竞争环境,达到对学生的动态化管理,使得学生运动员在时时刻刻都能够保持最好的训练状态,努力实现自己的总目标。

此外,激励机制应该考虑的不仅是一个方面,而是要从学生、教员与科研人员以及学校这几方面入手。从学生方面来说,以鼓励为主,而物质方面的奖励是必不可少的,在激励的过程当中,最需要注意的就是,外部的激励和内在的鼓励应该处于一个平衡的状态。而在教员与科研人员方面,与学生方面遵守的是同样一个原则,外在的物质激励和内在的精神激励要并重,但是教员和科研人员不同于学生,学校的工作对于他们来说是养家糊口的基本保障,因此在物质方面更应该提高激励金额。最后一个方面也是最重要的,那就是学校方面,学校要完善管理制度,制定公平公正的考评机制,对于学生和教员的激励政策要落实到位,对于激励的物质内容也不要吝啬,更不要许下空头支票。

实践出真知。只有在不断的探索中,总结出有用的经验,才能真正地实现"体教融合"。

二、"体教融合"背景下高校体育人才培养策略

(一)整合青少年体育赛事和运动会

完善青少年体育赛事体系,需要按照一体化设计、一体化推进原则,通过体教融合进一步整合学校比赛、U 系列比赛等各级各类青少年体育赛事,建立分学段、跨区域的青少年体育赛事体系,利用课余时间组织校内比赛、周末组织校际比赛、假期组织跨区域及全国性比赛,以及合并全国青年运动会和全国学生运动会,改称全国学生(青年)运动会等。

1.整合体育赛事,合办高校高水平运动队

教育和体育部门共同组织青少年体育赛事,共同对青少年进行训练,共同搭建面向全体学生的校园竞赛系统,共同制定竞赛奖励机制。打通学生运动员的人才上升通道,拓宽竞技体育人才发展空间。"体教融合"

在原来的竞赛项目上进行进一步的整合,把体育和教育这两个方面许多独立的竞技项目都整合到一起。将这些独立的项目都融合到一起之后,也能够让所有学生一同参与,在竞赛过程中选拔优秀竞技人才,打通优秀运动员的升学通道。教育体育部门共同构建完整的校园体育竞赛体系,共同组织比赛,学生在训练的过程中就可以拥有更加完善的机制。促进体校教育全面提升,进一步贯彻落实强化体校学生或运动员文化教育的措施,用体育和教育资源共同推进体校的全面改革,实现中小学教育资源与体校教育深度融合。"体教融合"将全员竞赛纳入学校体育工作,拓展学校体育工作边界。建立优秀退役运动员进学校执教的准入标准,使学生得到更专业系统的训练,树立学生规则意识,培育完善人格和坚韧意志品质。竞赛是体育活动的核心,将青运会与学生运动会合并,对教育部门的学校赛事与体育部门的 U 系列赛事进行整合,由教育部门统一组织竞赛。体育部门和教育部门整合各方场地设施、师资、竞赛等资源,共同建设高校高水平运动队,将其纳入我国竞技体育人才培养序列,与省队、国家队有机衔接。

2. 大力开展高校体育赛事

高校大力组织校内体育竞技比赛,有两个方面的好处。一方面,便于选择合适的运动员,让有天赋的学生得到更好培养;另一方面,有助于提高全体高校学生的运动热情,激励他们运动起来。而高校积极组织学生参与政府、教育或体育部门及社会组织举办的区域性体育赛事,也是有两个方面的深意,一是通过竞技比赛的激励,让高校学生更加勤于练习;二是对于那些专业体育生来说,这样大型的竞赛也给了他们展示的舞台,让他们在训练的时候更有热情,拿出自己 100% 的积极性。而且这类竞技比赛的物质奖励也要跟上,不能光说不做,如果没有物质奖励的话,那么久而久之,高校学生就会失去竞赛兴趣。

3. 加强高校高水平运动队建设

高校高水平运动队是高校培养体育人才的第一梯队。高校培养高水平运动队是在一开始的时候就定下来的方案,高校高水平运动队可以说是高校学生体育水平最高的代表。高校高水平运动队的培养应该从以下三方面着手：

第一，要重视高校高水平运动队的培养，选拔机制应该进行改革，本着更加公平、更加科学的选拔机制，为国家或地方体育人才充实后备力量，把高校学生作为参加国际竞技体育比赛的后备军。

第二，还要加大对高校高水平运动队的支持，无论是经费问题还是管理问题，都应该给予更大的帮助。

第三，高校高水平运动队除了要提高体育水平，文化水平也不能落下。只有通过合理的安排，文化训练两手抓，才能够培养出国家真正需要的复合型人才。高校对于高水平的文化课程，也应该设计更加人性化的学分制，这样才能够帮助他们平衡训练与文化课之间的关系。

(二)专设教练员岗位

发挥优秀退役运动员的专项技能优势，细化专业运动员进校园担任教练员的准入制度，形成体育教师与教练员师资互补优势，提高学校体育师资水平。优秀退役运动员进入学校，先上岗，后培训，符合法律要求和学校需要，考取教师证的退役教练员可以被聘为体育教师，不能考取教师资格证的优秀退役运动员也可以被聘为学校体育教练员，将体育教师和教练员深度融合，设置专门教练员岗位，发挥运动员专业技能，提升学校体育质量和水平。加强体校、体育传统特色学校、高校高水平运动队教练员的教育培训和资格认证，鼓励退役运动员到中小学担任体育教师或教练员岗位，使青少年兼顾文化学习和训练竞赛，注重培养学生奥林匹克精神。高水平体育师资是体教融合的重要保障，保证学校开设更多可供选择的体育项目，确保一校一品的实现，使学生掌握运动技能。教育部门为学校购买体育公共设施，将优秀退役运动员、教练员引入学校体育，实现体育和教育系统的优秀师资共享互通，将教练员的工资标准、职称评定和继续教育培训纳入教育系统。

(三)以"三大球"为重点实施领域

"三大球"不同于乒乓球、羽毛球、网球等运动项目，是群体性体育项目,它包含了足球、篮球、排球这三种球类,因为具有广泛的群众基础,高校青少年学生也热爱这三种球类,所以它们有了"三大球"的美称。

党中央、国务院为推动"三大球"改革与振兴发布了相应的文件,以教会、勤练、常赛作为核心理念,以"体教融合"作为重要举措,对学校足球、篮球和排球这三个球类的改革有了明确的指示。第一,要明确一个目标,体教双方都能够实现一体化的推进、一体化的改革。第二,要提高站位,顾全大局,搭建完善的竞技体育系统,按照国家体育发展要求,为学校、体育竞技类社团和社会上的体育俱乐部搭建交流的平台,使他们可以互相沟通、互相学习。以赛促学,调动所有人的热情,使体育赛事在青少年当中得到普及,确保体育训练有标准的评判制度,从而助力国家竞技型体育人才的后备军培养。第三,要调整结构,中国的"三大球"在男、女队上有很明显的强弱之分,比如中国女排在国际上都有着响当当的名号,代表了中国的体育精神,可是男排在国际上却并未被很多人提及。中国男足和中国女足的差距也在近些年慢慢拉开,女足在国际上赢得比赛的次数远远多过男足。因此,要打破这样的不平衡,就需要调整结构。例如可以大力弘扬新时代的女排精神,把弘扬中华体育精神同坚定文化自信结合起来,把体育健身同人民健康结合起来,坚持举国体制和市场机制相结合。在推进"三大球"体教融合过程中,要积极将正面例子作为典型,要总结女排、女足的成功经验,推进其他队伍的发展。

(四)合理安排课程与训练时间

之前,我国运动员培养主要由体育部门负责,学校体育主要负责增强学生体质、增进学生健康,没有形成教会、勤练、常赛的完整体系。学校体育是培养竞技人才最广泛的基地,"体教融合"政策强调一体化设计、一体化推进,在学校成立高水平运动队,将高水平运动队发展纳入国家竞技体育人才培养规划。把青少年运动员的培养纳入学校体育体系,在体育特色学校的基础上建立从小学到大学、专业队、职业队的"一条龙"人才培养体系,尽快实现单项运动协会实体化改革,国家体育总局放权给运动协会,发挥运动协会在培养竞技体育人才方面的积极作用。以往我国竞技体育人才主要由环境相对封闭的体育传统学校、业余体校和专业队来培养,三级培养体系注重运动员的训练竞赛,忽视了运动员的文化教育和全面发展。"体教融合"强调将竞技体育人才纳入教育系统培养,采用延长学制、保留学籍等方式保障学生运动员的文化学习,提升运动员的综合素质和社会适应能力;在保障教学质量和学业标准的前提下,为青少年文化和体育同步发展提供良好的政策环境。

(五)其他方面的一些建议

"体教融合"的最终目的是克服运动员在时间和精力有限的情况下无法兼顾体育训练和文化课的弊端。竞技体育和高校体育融合发展的体系构建,就是要协调内部各个组成要素、途径、方法,以完成预期目标、满足需求为出发点形成科学运作指导框架,包括经费来源、人员编制归属、管理体制与运行机制量化指标体系等,打破运动员常规文化课程学习与专项训练的时间冲突,最终实现运动员在体育和教育两方面的和谐发展。

1. 经费来源

必须打破以往高校竞技体育建设资金的被动状态,利用高等教育的平台优势,拓宽经费来源的渠道;与社会商业赛事运作公司合作,打造赛事品牌,孕育赛事 IP,围绕赛事冠名权、商标使用权、赛事转播权、赛事赞助权、赛事服务权、市场营销权等方面进行深度开发。成立专门的商业化运营部门,打造示范赛事品牌,以此为样本探索成熟的高校竞技体育赛事商业化运营体系,对各地赛事形成示范作用。在商业化的过程中,要注意保障竞技体育和高校体育的正常运转,警惕过度商业化带来的体育异化现象。

要充分开发赛事的商业价值,就要将赛事打造成竞技体育产品,与市场经济体制运行的规则相适应,遵守商业化运行的市场规则,吸引多渠道的社会资本和各个类型的企业对赛事的经济价值进行深入发掘。

在基础层面,对比赛中场地设施、球员服装等依据面积、曝光率、使用时间等进行广告位设计,依据曝光度的不同进行价格区分并进行公开商业招投标,利用竞技体育赛事的影响力,帮助企业进行宣传,提高知名度;

打造明星队伍、明星球员,对注册运动员、运动队进行商业化运作,可在不干扰正常训练比赛的前提下,对个别有特点的出色运动员和运动队进行商业化包装,形成明星效应,提高赛事的关注度;开放对体育器材商和装备供应商的独家赞助权,既可以帮助赛事节省大量的器材费用,也能帮助企业在实际应用中检验产品的实力,好的产品往往会通过一次赛事迅速打开市场;对赛事的媒体转播权进行售卖,在转播中根据比赛规则适当插入一定数量的广告,以秒为单位计算。

2.人员编制归属

合理的人员编制是一个单位工作良好开展的前提条件,应该遵循目标导向原则,充分调研工作现状,结合内外部环境、工作方式变化等因素科学定岗定编。只有明确了被控制对象,才能围绕其实际情况实施控制手段,综合利用控制系统,形成合力,帮助被控制对象按照既定方针快速发展,并督促对象遵守系统规范。

竞技体育与高校体育融合发展的培养主体明确为各大高校,培养单位是高校,那么培养对象的身份首先就是在校大学生,其次才是高水平运动队的运动员。大学生的身份就要求运动员要服从大学学生手册的各项基本行为要求,受到学生守则的制约,违反校规校纪应一视同仁受到处罚。

既然主体是学生,就要看到学生是自然人,有独立的思想,享有受教育的权利;就要看到学生是在发展中的人,在学校这一特殊环境仍然处于成长阶段;就要看到学生的特点,训练安排要与学生的个人发展水平相适应,允许学生间存在个性化差异,并能因材施教,有目的地引导学生依据自己的特点,进行体育项目的学习。

在组织控制理论的指导下,围绕培养对象的需求,建立高水平运动队管理体系,涉及领导方法、教练员配置、学生日常管理等方面,围绕以促进学生发展为中心这一核心理念,对现行组织架构进行评估,根据工作中遇到的问题和学生的诉求及时评价反馈,关注场地设施、科研配套、后勤保障、运动员身体状况和心理健康环境等环节,及时做出相应的调控。要做到实时反馈,这有利于及时发现和处理问题,提高运动队运行效率。

3. 管理体制整合

长久以来,"体教结合"工作开展不理想,管理体制始终存在内部矛盾,外部环境变化速度不断加快,加剧了体育和教育两大系统的冲突,融合发展体系的构建就是要克服这一问题。其本质问题就是"学训矛盾"难以克服,运动员在有限精力内,既要按照体育系统的安排完成大量的训练任务,又要从事文化课学习,单单依靠运动员努力和强行参与两个方面的内容只会因疲惫增加运动损伤的概率,文化成绩也难以提高。

"体教融合"发展体系下的管理体制就是要解决这一问题,形成以高校体育运动委员会为中心,地方体育系统提供支持,体育院系为具体执行的管理体制,将培养全面发展的运动员作为目标,统筹规划运动员的生活,适度调配文化课和专项训练的时间和强度,优化资源配置,为个人可持续发展提供保障。个人利益、集体利益和国家利益是相互依存的,只有个人得到了全面综合的发展,才能帮助集体赢得荣誉,才能为国争光。要充分发挥学校的教育作用,贯彻落实科学发展观,发挥竞技体育的教育作用,建立科学合理的管理体制,推行以人为本的管理理念,推动竞技体育和高校体育的融合发展向更高层次迈进。

此外,通过信息化管理系统将学生的时间模块化,统一规划为教育、体育、生活三大板块,教育和体育训练在疲劳监测系统的支持下,以提前定好时间段的形式开展相应的工作安排,生活板块仅提供指导性意见,由学生自主安排,在现代科学技术的支持下力求实现"体教融合",促进学生运动员的全方位和谐发展。

4. 系统运行动力

各个环节协调运作才能形成系统动力,竞技体育和高校体育融合发展的系统动力来自各个层次的需求。微观层面涉及运动员、教练员;中观层面涉及体育系统、高校;宏观层面则涉及国家和社会。只有三个层次的需求都能得到满足,系统才能推动"体教融合"运行。

微观层面,个人需要指向学历、训练、运动成绩、个人成就;中观层面,学校需要扩大影响力,提高教育质量,完成一定的业绩,取得经济收入;宏观层面,社会需要提高国家体育教学和竞技体育水平,展现国家实力,提高人民身体素质。

当主体需求不能得到满足时,运行动力就会减弱,这使得主体积极性受到打击;动力过大时,又会使得系统运行异常,引发空化现象。因此,只有在国家层面的宏观调控下,学校中观层面的贯彻落实与个人微观层面的需求相协调,才能推动竞技体育和高校体育融合发展的平稳进行。

国家应积极转变角色,简政放权,发挥服务职能,利用给予高校竞技体育发展优惠政策,调动各个高校的主体积极性;学校应积极响应国家号召,推动教育体制改革,宣传素质教育思想,在实际工作中以促进学生发展为目标开展高水平运动队建设;个人应树立崇高理想,积极参与日常训练和学习,完成自我价值追求,努力为学校和国家做出自己的贡献。

第五章 场景视域下"体教文旅"的融合发展

第一节 "体教文旅"融合发展的理论基础

一、产业融合理论

学术界对于产业融合概念的定义有所差异,当前普遍认可的观念认为产业融合是两个或两个以上产业发生同类经济活动或产生同类产出结果的过程。从这个角度来说,产业融合是一个经济活动出现了产业跨界的现象。既属于一种产业的划分范围,又属于另一种产业的划分范围,从而具备了双重产业属性。

产业是从事某一类经济活动的企业的集合,代表了从事这类经济活动的所有企业,但是对于这一产业的企业而言,可能并不只从事这一类产业的经济活动,也可能从事其他产业的经济活动,因而可以确定的是,产业和对应企业是具有确定关系的,但是企业和其经济活动所属产业的关系是不确定的。对于企业来说,经营方式有专业化和多元化两种,即同时经营一种或多种产品,当一个企业进行多元化经营时便涉及跨产业的经营活动。当一个产业所属的企业有较大数量或少数量但具有巨大影响力并且进行跨产业的多元化经营时,则可以理解为发生了产业融合现象。

产业融合的动力来源主要可以从企业、产业和市场环境三个角度梳理分析。第一,从企业的角度来讲,产业融合发生的最根本动力源自企业对利益的最大化追求,这种最大化追求表现在两个方面,首先是最大化减少生产成本,其次是最大化得到利润。第二,从产业角度来讲,产业进步的因素包括技术创新和产业模式创新。技术创新的发生主要有两种,首先是多产业共用的技术发生了更迭创新,其次是一个产业的技术向另一个产业扩散。此外,产业模式的创新也有力推动了产业融合过程。第三,从市场环境的角度来讲,产业融合动力源自政府管制和市场需求两个方面。随着经济的不断发展,政府对产业限制的政策也在不断放宽,产业间的隔阂在不断被消除。现今经济发展趋于全球化、信息化,信息技术的发展和普及也大大改变了全世界的消费需求,现有的消费结构经历了一场持续性的变构升级,从而促进了产业融合。

二、系统耦合理论

系统耦合理论指两个或两个以上子系统之间相互影响,构成新的体系。随着系统耦合理论使用范围的不断扩大,其他学科也开始推广使用,国内学者任继周最早在 20 世纪 90 年代将系统耦合理论应用在了荒漠—绿洲农业系统中,并在生态系统领域中对系统耦合做了新的定义,之后系统耦合领域的应用范围不断拓展,理论内容也不断丰富,系统耦合逐步应用到了经济生产、时间空间等方面。

基于耦合概念的延伸,经济学中出现了"产业耦合"概念,经过不断的实证分析,产业耦合理论体系逐渐成熟。产业耦合即两种产业打破产业边界,实现产业链过程中水平或垂直融合,促进资源的最优配置和协调发展,以形成新的耦合循环系统;或是两大关系紧密的产业在生产过程中存在要素共享,相互依存影响,从而形成一个系统,良性共振发展。

农旅文体产业间的耦合源于其产业间的关联性,其之间的协调发展水平越高,产生的影响越大;关联性越大则耦合性越强,产业发展的驱动力越强。通过产业间的耦合最终能实现产业间的互补增进。

三、可持续发展理论

可持续发展的概念最早于 1980 年的《世界自然资源保护纲要》提出,指发展既满足当代人的需要,又不对后代满足其需要的能力产生危害的发展,其三大原则为公平性、持续性和共同性。可持续发展的内容涉及经济可持续、生态可持续和社会可持续三个方面的协调统一,最终实现人的全面发展。可持续发展的最初目的是实现环境保护,但现今作为发展理论还将环境问题和发展问题联系起来,成了一个经济发展的重要战略。

可持续发展认为经济的增长不应忽略环境保护。首先,在发展经济的同时要调整能源结构,使用清洁能源,减少资源的浪费,以减少发展对环境带来的破坏,实现可持续的增长。其次,发展要以自然资源为根本,不能超过其所能负载的最大能力,通过各种方式减少对自然资源的使用量,使其能够自我恢复并且不会产生不可逆性的伤害,实现人与自然的和谐发展。再次,还要承认自然环境的价值,要把环境资源计入生产成本和价格中,构建更为完善的"绿色GDP"。最后,可以培育新的经济增长点,对低质量、差效益产业的限制可以促进优质、高效的绿色、节能等产业的快速发展。

第二节 "体教文旅"融合发展的路径和对策

一、"体教文旅"融合发展的路径

(一)完善政策体系:制定和完善相关政策,为体教文旅融合发展提供政策支持

1.加强顶层设计:制定体教文旅融合发展的总体规划,明确发展目标、重点领域和政策措施

①加强政策支持。制定相关政策,为体教文旅融合发展提供政策支持,包括资金支持、税收优惠、人才培养等。②优化资源配置。整合各类资源,优化资源配置,提高资源利用效率,为体教文旅融合发展提供有力保障。③创新合作模式。鼓励和支持各类主体开展合作,创新合作模式,实现资源共享、优势互补,推动体教文旅融合发展。④加强宣传推广。加大宣传推广力度,提高体教文旅融合发展的知名度和影响力,吸引更多游客和投资者。⑤强化监管力度。加大监管力度,确保体教文旅融合发展

的质量和安全,维护市场秩序,保护消费者权益。

2.优化政策环境:简化行政审批流程,降低市场准入门槛,为体教文旅融合发展创造良好的政策环境

①推行"一站式"服务。政府可以设立专门的行政审批服务中心,将涉及体教文旅融合发展的各个部门集中在一起,实现"一站式"审批服务。这样既可以减少企业在不同部门之间往返的时间成本,也可以提高政府部门的工作效率。②优化审批流程。可以对现有的审批流程进行优化,精简不必要的审批环节,压缩审批时间;同时,可以利用信息化手段,实现审批流程的在线化、透明化,提高审批效率。③加强审批监管。简化审批流程并不意味着放松监管,政府需要加强对审批过程的监管,确保审批的公正性和合规性;同时,要建立健全审批责任制,对违规审批行为进行严肃查处。④放宽市场准入条件。政府可以调整现有的市场准入条件,降低企业的注册资本、资质要求等门槛,为更多的市场主体提供发展机会。⑤优化市场监管机制。政府需要加强对市场的监管,建立健全市场监管机制,确保市场秩序的公平、公正;同时,政府要避免过度干预市场,给予市场主体更多的自主权。⑥鼓励创新和创业。政府可以通过政策扶持、资金支持等方式,鼓励体教文旅领域的创新和创业,为市场主体提供更多的发展机会和空间

3.增加财政投入:加大对体教文旅融合发展的财政支持力度,提高资金使用效率,确保政策的有效实施

①促进区域经济发展。体教文旅融合发展可以带动相关产业的发展,形成产业链,促进区域经济的增长。②提升城市形象。体教文旅融合发展可以丰富城市的文化内涵,提升城市的知名度和影响力,吸引更多的游客和投资者。③满足人民群众需求。随着人民生活水平的提高,对体育、教育、文化、旅游等方面的需求也在不断增长,体教文旅融合发展可以更好地满足人民群众的需求。④促进社会和谐稳定。体教文旅融合发展可以增进人民之间的交流与理解,促进社会和谐稳定。⑤加大财政投入力度。政府应加大对体教文旅融合发展的财政支持力度,确保相关项目

的资金需求得到满足。⑥优化资金使用结构。政府应合理分配财政资金,优先支持重点项目和关键领域,提高资金使用效率。⑦完善政策制定和执行机制。政府应建立健全政策制定和执行机制,确保政策的科学性、合理性和有效性。⑧加强监督和考核。政府应加强对体教文旅融合发展项目的监督和考核,确保政策的执行效果。⑨鼓励社会资本参与。政府应鼓励和引导社会资本参与体教文旅融合发展,形成政府、市场和社会的多元投入机制。⑩加强人才培养和引进。政府应加强体教文旅领域的人才培养和引进,提高人才队伍的整体素质和专业水平。⑪创新融合发展模式。政府应积极探索体教文旅融合发展的新路径、新模式,推动体教文旅融合发展向纵深发展。

4. 鼓励创新:支持体教文旅领域的创新实践,鼓励企业、高校和研究机构开展跨学科、跨领域的合作与交流

第一,政策支持。政府应出台相关政策,对体教文旅领域的创新实践提供政策支持和资金保障。例如可以设立专项基金,鼓励企业和研究机构开展创新项目;可以制定优惠政策,降低创新实践的门槛和风险。

第二,人才培养。创新实践需要人才的支持。高校和研究机构应加强人才培养,培养具有创新思维和实践能力的人才;同时,企业也应加强与高校和研究机构的合作,共同培养人才,为创新实践提供人才保障。

第三,技术研发。创新实践离不开技术的支持。企业、高校和研究机构应加大技术研发投入,推动新技术、新方法的研发和应用。例如在体育领域,可以研发智能训练系统,提高运动员的训练效果;在教育领域,可以研发在线教育平台,提高教学效果等。

第四,跨界合作。创新实践需要跨界合作。企业、高校和研究机构应加强跨学科、跨领域的合作与交流,共同推动体教文旅领域的创新实践。例如体育企业可以与医学研究机构合作,共同研发运动康复技术;旅游企业可以与文化研究机构合作,共同开发文化旅游产品等。

第五,社会参与。创新实践需要社会各界的参与和支持。政府、企业、高校、研究机构以及公众都应积极参与体教文旅领域的创新实践,形

成全社会共同推动创新实践的良好氛围。

5.强化人才培养:加强体教文旅领域的人才培养,提高人才的专业素质和创新能力,为体教文旅融合发展提供人才保障

①加强基础教育。基础教育是人才培养的基础。加强基础教育,可以为体教文旅领域培养更多的优秀人才。②建立专业培训体系。针对体教文旅领域的不同需求,建立专业的培训体系,可以提高人才的专业技能和素质。③加强实践锻炼。实践是检验真理的唯一标准。加强实践锻炼,可以让人才在实践中不断提高自己的专业素质和创新能力。④建立激励机制。通过建立激励机制,可以激发人才的积极性和创造性,促进人才的快速成长。⑤加强专业理论学习。专业理论是提高人才专业素质的基础。加强专业理论学习,可以让人才更好地掌握专业知识和技能。⑥注重实践经验积累。实践经验是提高人才专业素质的重要途径。注重实践经验积累,可以让人才在实践中不断提高自己的专业素质。⑦培养创新思维。创新思维是提高人才创新能力的关键。培养创新思维,可以让人才在面对问题时,能够提出更加创新的解决方案。⑧鼓励跨学科学习。跨学科学习可以拓宽人才的视野,提高人才的综合素质。鼓励跨学科学习,可以让人才在不同领域中汲取更多的知识和经验。⑨建立人才库。建立体教文旅领域的人才库,可以为各个领域的发展提供人才支持。⑩加强人才流动。加强人才流动,可以让人才在不同的领域发挥自己的专业优势,促进体教文旅领域的融合发展。⑪建立人才评价体系。建立科学、合理的人才评价体系,可以更好地评价人才的专业素质和创新能力,为体教文旅领域的融合发展提供更加精准的人才支持。⑫加强人才引进和培养。通过引进和培养更多的优秀人才,可以为体教文旅领域的融合发展提供更加强大的人才保障。

6.促进国际合作:加强与国际组织和其他国家在体教文旅领域的交流与合作,引进先进的理念和技术,提升我国体教文旅融合发展的国际竞争力

①在体教文旅领域,国际交流与合作可以促进不同国家和地区之间的体育、教育、文化和旅游资源共享,增进相互了解。通过参与国际会议、

研讨会和展览等活动,可以了解国际先进的理念和技术,为我国体教文旅领域的发展提供新的思路和方向。②引进先进的理念和技术是提升我国体教文旅融合发展国际竞争力的关键。例如在体育领域,可以引进国际先进的训练方法和设备,提高运动员的训练效果和比赛成绩;在教育领域,可以引进国际先进的教育理念和教学方法,提高教育质量和人才培养水平;在文化和旅游领域,可以引进国际先进的旅游管理和服务理念,提升旅游产品的吸引力和竞争力。③加强人才培养和国际视野是提升我国体教文旅融合发展国际竞争力的基础。通过与国际组织和其他国家的交流与合作,可以培养具有国际视野和跨文化沟通能力的人才,为我国体教文旅领域的发展提供人才支持;同时,要鼓励和支持人才走出国门,参与国际交流与合作,拓宽视野,提高国际竞争力。④创新合作模式和机制是加强与国际组织和其他国家在体教文旅领域交流与合作的有效途径。可以通过建立国际合作平台、签订合作协议、设立联合研究项目等方式,促进资源共享、优势互补,实现互利共赢;同时,要注重合作的可持续性,确保合作成果能够长期惠及各方。⑤在加强与国际组织和其他国家在体教文旅领域的交流与合作中,要注重文化交流和互鉴。通过展示我国优秀传统文化和现代文明成果,增进国际社会对我国的了解和认同;同时,要虚心学习其他国家的优秀文化和先进经验,促进我国文化的发展和创新。⑥加强舆论引导和社会参与是提升我国体教文旅融合发展国际竞争力的重要途径。要充分利用各种媒体和平台,宣传国际交流与合作的重要性和成果,增强公众的国际视野和参与意识;同时,要鼓励和引导社会各界积极参与国际交流与合作,形成全社会共同推动体教文旅融合发展的良好氛围。

(二)优化资源配置:合理分配体育、教育、文化和旅游资源,实现资源的高效利用

首先,体育资源的优化配置对于提高国民体质和促进体育事业的发展具有重要意义。政府应加大对体育设施建设的投入,合理规划体育场馆的布局,满足不同地区、不同人群的体育需求;同时,鼓励社会资本参与体育产业的发展,通过市场化运作提高体育资源的利用效率;此外,加强

体育人才的培养和引进,提高体育教学和训练水平,为体育事业的发展提供人才保障。

其次,教育资源的优化配置对于提高国民素质和促进社会公平具有重要作用。政府应加大对教育的投入,优化教育资源的分配,缩小城乡、区域、校际的差距,通过改革教育体制,提高教育质量,培养更多高素质的人才;同时,鼓励社会力量参与教育事业的发展,通过多元化的办学模式满足不同群体的教育需求;此外,加强教师队伍建设,提高教师的待遇和职业素养,为教育事业的发展提供人才支持。

再次,文化和旅游资源的优化配置对于促进文化传承和旅游业的发展具有重要意义。政府应加强对文化遗产的保护和利用,挖掘和传承优秀传统文化,提高文化软实力,通过创新文化产品和服务,满足人民群众日益增长的文化需求;同时,加强旅游基础设施建设,优化旅游产品供给,提高旅游服务质量,打造具有地域特色的旅游品牌;此外,加强旅游市场监管,规范旅游市场秩序,保障游客的合法权益。

最后,优化资源配置需要政府、市场和社会三方的共同努力。政府应发挥宏观调控作用,制定合理的政策措施,引导资源的合理流动和配置。市场应发挥资源配置的基础性作用,通过竞争和合作提高资源的利用效率。社会应发挥监督和参与作用,推动资源配置的公平和透明。

(三)创新融合发展模式:探索具有地方特色的体教文旅融合发展模式,提高融合发展的竞争力

1.加强人才培养:培养具有创新精神和实践能力的人才,为融合发展提供人才支持

在科技日新月异的今天,只有具备创新精神的人,才能不断探索新的领域,推动社会的进步;同时,实践能力也是衡量一个人能否将理论知识应用到实际工作中的重要标准。只有具备实践能力的人,才能将所学知识与实际工作相结合,提高工作效率,从而为企业和社会创造更多的价值。

那么,如何培养具有创新精神和实践能力的人才呢?首先,教育部门

应该重视培养学生的创新意识,鼓励他们敢于挑战传统,勇于尝试新的方法和思路;其次,教育部门应该加强实践教学,让学生在实际操作中锻炼自己的实践能力;再次,企业也应该为学生提供实习和实践的机会,让他们在实践中不断成长;最后,具有创新精神和实践能力的人才对于融合发展具有重要的意义。在当前的社会环境下,各个行业都在寻求融合和发展,这就需要大量的具有创新精神和实践能力的人才来推动。他们能够将不同领域的知识进行整合,提出新的解决方案,为企业和社会的发展提供新的动力。

2. 强化科技支撑:利用现代信息技术,提高产业智能化、信息化水平,提升产业竞争力

首先,现代信息技术的快速发展为产业智能化提供了强大的技术支持。通过引入先进的信息技术,如人工智能、大数据、物联网等,可以对生产过程进行实时监控和优化,实现生产过程的自动化、智能化。例如在制造业中,通过引入机器人、自动化生产线等设备,可以大大提高生产效率,降低生产成本,提高产品质量。

其次,信息技术的应用可以提升产业信息化水平。通过建立完善的信息管理系统,可以实现对企业内部各种信息的整合、分析和应用。这不仅有助于提高企业的管理效率,还可以为企业决策提供有力的数据支持。例如通过建立供应链管理系统,可以实现对供应链的实时监控和管理,优化库存管理,降低库存成本。

最后,信息技术还可以帮助企业实现与客户的有效沟通和互动。通过建立电子商务平台、社交媒体等渠道,企业可以更加便捷地与客户进行交流,了解客户需求,提供个性化的服务。这不仅有助于提高客户满意度,还可以增强企业的市场竞争力。

然而,信息技术的应用也面临一些挑战。例如信息技术的更新换代速度非常快,企业需要不断投入资金进行技术升级和人才培养。此外,信息技术的应用也存在一定的安全风险,如数据泄露、网络攻击等,需要企业加强信息安全管理。

3.优化产业结构:调整产业结构,优化资源配置,提高产业集中度和规模效益

①制定科学的产业政策。政府应制定科学的产业政策,引导资源向高效益、高附加值的产业流动。通过税收优惠、财政补贴等手段,鼓励企业进行技术创新和产业升级。②加强产业协同发展。加强不同产业之间的协同发展,实现产业链的优化和延伸。通过产业集群、产业园区等模式,促进产业间的资源共享和优势互补,提高产业整体竞争力。③创新资源配置方式。创新资源配置方式,提高资源配置效率。利用大数据、云计算等信息技术,实现资源的精准配置和高效利用,减少资源浪费。④鼓励企业兼并重组。鼓励企业通过兼并重组,实现规模扩张和资源整合。通过兼并重组,可以提高企业的市场竞争力,降低生产成本,提高规模效益。⑤培育龙头企业。培育具有国际竞争力的龙头企业,发挥其在产业链中的引领作用。通过政策扶持、资金支持等手段,帮助龙头企业做大做强,带动整个产业的发展。⑥优化产业布局,实现产业的集群发展。通过产业园区、产业基地等模式,引导产业向优势区域集中,形成产业集群,提高产业集中度和规模效益。

4.拓展市场空间:开拓国内外市场,提高产品知名度和市场占有率

第一,市场调研是开拓市场的第一步。企业需要深入了解目标市场的需求、消费习惯、竞争对手情况等,以便制定合适的市场进入策略。市场调研可以通过问卷调查、深度访谈、网络搜索等方式进行。通过市场调研,企业可以发现潜在的市场需求,为产品开发提供依据。

第二,产品定位是提高市场占有率的关键。企业需要根据市场需求和自身优势,明确产品的目标客户群体、产品特点和竞争优势。产品定位应该突出差异化,避免与竞争对手的产品同质化;同时,企业还应该根据市场变化,不断调整产品定位,以满足消费者的需求。

第三,营销策略是提高产品知名度和市场占有率的重要手段。企业应该制定多元化的营销策略,包括广告宣传、促销活动、渠道拓宽、线上线

下融合等。广告宣传可以通过电视、报纸、网络等多种渠道进行,提高产品知名度。促销活动可以吸引消费者购买,增加产品销量。渠道拓宽可以扩大产品的销售范围,提高市场占有率。线上线下融合可以满足消费者的购物习惯,提高销售效率。

第四,品牌建设是提高产品知名度和市场占有率的长期战略。企业应该注重品牌形象的塑造和传播,通过高质量的产品和服务,赢得消费者的信任。品牌建设需要企业在产品质量、服务水平、社会责任等方面下功夫,树立良好的企业形象;同时,企业还应该加强与消费者的互动,了解消费者的需求和反馈,不断优化产品和服务。

第五,技术创新是提高产品竞争力的核心。企业应该加大研发投入,不断推出具有创新性和竞争力的新产品。技术创新可以提高产品的附加值,满足消费者的需求;同时,技术创新还可以降低生产成本,提高企业的盈利能力。企业应该与高校、科研机构等合作,引进先进的技术和人才,提高研发能力。

第六,售后服务是提高消费者满意度和忠诚度的关键。企业应该建立完善的售后服务体系,提供及时、专业的服务。售后服务包括产品咨询、安装指导、维修保养、退换货等。通过优质的售后服务,企业可以解决消费者的问题,提高消费者的满意度;同时,优质的售后服务还可以提高企业的口碑,吸引更多的消费者。

5.加强区域合作:加强与其他地区的合作,实现资源共享优势互补,提升整体竞争力

①建立合作机制。通过签订合作协议、建立合作平台等方式,为双方合作提供制度保障。②加强信息交流。通过定期召开会议、建立信息共享平台等方式,加强双方在政策、市场、技术等方面的信息交流。③促进人才流动。通过人才培训、学术交流等方式,促进双方人才的流动和交流,提高人才素质。④拓展合作领域。在现有合作基础上,不断拓展合作领域,如科技、教育、文化等,实现全方位、多层次的合作。⑤加强文化交流。不同地区存在文化差异,可能影响合作的顺利进行,所以要加强文化

交流,增进相互了解和信任。⑥建立利益分配机制。合作中可能存在利益冲突,所以要建立公平的利益分配机制,实现共赢。⑦加强政策协调。不同地区的政策可能存在差异,所以要加强政策协调,形成统一的政策体系。

(四)加强人才培养:培养具有体教文旅融合发展能力的人才,为融合发展提供人才支持

①培养具有创新思维和创新能力的人才。体教文旅融合发展需要创新的思维方式和方法,因此,培养人才时需要注重培养其创新思维和创新能力。②培养具有跨学科知识和技能的人才。体教文旅融合发展涉及体育、教育、文化和旅游等多个领域,因此,培养人才时需要注重跨学科知识的学习和技能的掌握。③培养具有团队协作和沟通能力的人才。体教文旅融合发展需要多部门、多领域的协同合作,因此,培养人才时需要注重团队协作和沟通能力的培养。④培养具有国际视野和跨文化交流能力的人才。随着全球化的发展,体教文旅融合发展也需要具有国际视野和跨文化交流能力的人才。

①构建多元化的课程体系。根据体教文旅融合发展的需要,构建多元化的课程体系,涵盖体育、教育、文化和旅游等多个领域,为学生提供全面的知识结构。②加强实践教学。实践是检验真理的唯一标准。通过实践教学,让学生在实际操作中掌握知识和技能,提高其解决实际问题的能力。③强化师资队伍建设。优秀的师资队伍是培养人才的关键。学校要引进和培养一批具有体教文旅融合发展能力的教师,以提高教学质量。④建立校企合作机制。通过与企业合作,为学生提供实习和就业机会,让学生在实践中学习和成长。

①建立跨学科研究中心。通过建立跨学科研究中心,整合体育、教育、文化和旅游等领域的资源,为学生提供更广阔的学习平台。②开展国际交流与合作。通过与国外高校和机构的交流与合作,拓宽学生的国际视野,提高其跨文化交流的能力。③鼓励创新创业。通过创新创业教育,培养学生的创新精神和创业意识以及其解决实际问题的能力。④加强产

学研一体化。通过产学研一体化,将理论与实践相结合,提高学生的实践能力和创新能力。

(五)深化国际合作:加强与国际体育、教育、文化和旅游领域的交流与合作,提升融合发展的国际影响力

第一,体育是跨越国界的语言,是增进各国人民友谊的桥梁。加强体育领域的国际交流与合作,可以促进不同国家和地区之间的相互了解和尊重,提升国家形象和国际地位。具体措施如下:首先,积极参与国际体育赛事,展示国家体育实力和精神风貌。通过参加奥运会、世界杯等大型国际赛事,可以向世界展示国家体育水平和运动员的风采,提升国家形象。其次,加强与国际体育组织的合作,争取更多的话语权和影响力。通过与国际奥委会、国际足联等体育组织建立良好的合作关系,可以争取更多的国际体育资源和支持,提升国家在国际体育事务中的话语权。最后,举办国际体育赛事,吸引全球目光。通过举办国际马拉松、网球公开赛等赛事,可以吸引全球运动员和观众的关注,提升国家的国际知名度和影响力。

第二,教育是国家发展的根本,也是提升国际影响力的重要途径。加强教育领域的国际交流与合作,可以促进教育改革和创新,培养具有国际视野的人才。具体措施如下:首先,引进国际优质教育资源,提升教育质量。通过与世界一流大学和教育机构建立合作关系,引进先进的教育理念和教学方法,提升本国教育水平。其次,鼓励学生和教师赴海外学习和交流,拓宽国际视野。通过设立奖学金、交流项目等方式,鼓励学生和教师赴海外学习、研究和交流,培养具有国际竞争力的人才。最后,举办国际教育论坛和研讨会,分享教育经验和成果。通过举办国际教育论坛和研讨会,邀请世界各地的教育专家和学者,分享教育改革和发展的经验,提升教育领域的国际影响力。

第三,文化和旅游是国家软实力的重要组成部分,也是提升国际影响力的重要途径。加强文化和旅游领域的国际交流与合作,可以展示国家的文化魅力和旅游资源,吸引更多的国际游客和投资者。具体措施如下:

首先,加强文化宣传和推广,展示国家文化特色。通过举办文化节、艺术展览等活动,向世界展示国家的文化特色和艺术成就,提升国家文化软实力。其次,推动旅游合作和交流,打造国际旅游目的地。通过与国际旅游组织和机构建立合作关系,共同开发旅游资源,提升旅游服务质量,吸引更多的国际游客。最后,加强文化遗产保护和传承,提升国家文化影响力。通过加强文化遗产的保护和传承工作,向世界展示国家的历史文化底蕴,提升国家文化影响力。

二、"体教文旅"融合发展的对策

(一)政策引导

1.加强顶层设计:制定体教文旅融合发展的总体规划和政策措施

①加强政策引导和支持。政府应加大对体教文旅产业的政策支持力度,制定相应的政策措施,如税收优惠、财政补贴、金融支持等,以降低企业成本,激发市场活力。②优化资源配置。政府应合理配置体教文旅产业的资源,引导资本、技术、人才等要素向产业集聚,提高资源利用效率。③创新产业模式。鼓励企业通过技术创新、管理创新和服务创新,探索新的产业模式,提高产业融合度和竞争力。④加强人才培养和引进。加大对体教文旅产业人才的培养和引进力度,提高人才素质,为产业发展提供人才保障。⑤加强国际合作与交流。积极参与国际合作与交流,引进国外先进的理念和技术,提升我国体教文旅产业的国际竞争力。

2.优化政策环境:为体教文旅融合发展提供政策支持和优惠条件

体教文旅融合发展是指体育、教育、文化和旅游四个领域相互融合、相互促进,形成一种新的产业发展模式。这种模式可以充分发挥各领域的优势,实现资源共享、优势互补,推动社会经济的全面发展。

政策支持是推动体教文旅融合发展的关键。政府应从以下方面提供政策支持:①加大财政投入。政府应设立专项资金,支持体教文旅融合发展项目,鼓励企业和社会资本参与。②优化税收政策。对于参与体教文旅融合发展的企业,政府可以给予一定的税收优惠,降低其运营成本。③完善法律法规。政府应制定相关法律法规,明确体教文旅融合发展的方向和政策导向,为企业提供法律保障。④加强人才培养。政府应加大对体教文旅融合发展人才的培养力度,提高人才素质,为产业发展提供人才支持。⑤鼓励创新。政府应鼓励企业进行技术创新、管理创新和模式创新,提高体教文旅融合发展的竞争力。

优惠条件是吸引企业参与体教文旅融合发展的重要因素。政府和社会应从以下方面提供优惠条件:①提供土地使用优惠。政府可以为体教文旅融合发展项目提供土地使用优惠,降低企业的投资成本。②提供融资支持。政府可以通过设立产业基金、提供贷款贴息等方式,为企业提供融资支持。③提供技术支持。政府可以与科研机构、高校等合作,为企业提供技术支持,提高其创新能力。④提供市场推广支持。政府可以通过举办展会、组织交流活动等方式,帮助企业拓展市场,提高知名度。⑤提供政策咨询和培训服务。政府可以为企业提供政策咨询和培训服务,帮助企业了解政策导向,提高运营能力。

3. 强化政策执行:确保政策措施的落实和执行

①加强政策制定的科学性。在政策制定过程中,要充分调研、广泛征求意见,确保政策的针对性和可行性。②强化政策执行的力度。政府要加强对政策执行的监督和考核,确保政策得到有效执行。③建立政策执行的激励机制。通过建立奖励和惩罚机制,激发政策执行者的积极性,提高政策执行效率。④加强政策宣传和解读。通过多种渠道,加大对政策的宣传和解读力度,加强公众对政策的理解和认同。⑤建立政策执行的反馈机制。通过收集政策执行过程中的反馈信息,及时调整和完善政策,确保政策的实效性。

(二)资源整合

1.建立资源共享平台:实现体教文旅各领域资源的共享和互补

首先,体育、教育、文化和旅游等领域在资源方面存在一定的共性。例如体育和教育都需要场地、器材等硬件设施,而文化和旅游则需要丰富的文化资源和旅游资源。通过实现这些领域的资源共享,可以提高资源的利用效率,避免资源浪费。

其次,各领域之间可以实现优势互补。例如体育可以为教育提供健康的身体和良好的心理素质;教育可以为体育培养优秀的运动员和教练员;文化和旅游可以相互促进,通过旅游推广文化,通过文化丰富旅游内容。通过实现各领域的优势互补,可以促进各领域的发展和进步。

此外,实现体教文旅各领域资源的共享和互补,还需要加强政策支持和制度建设。政府应该出台相关政策,鼓励和支持各领域之间的交流与合作,为资源共享和优势互补提供政策保障;同时,各领域之间应该建立合作机制,明确合作内容和方式,确保资源共享和优势互补的顺利进行。

2.创新合作模式:探索体教文旅融合发展的新模式和新路径

首先,创新融合发展模式。①体育＋教育:通过体育课程、体育竞赛等形式,将体育与教育相结合,培养学生的体育兴趣和运动习惯。②体育＋文化:挖掘体育文化资源,将体育与传统文化、民俗文化等相结合,打造具有地域特色的体育文化产品。③体育＋旅游:开发体育旅游项目,如户外运动、体育赛事旅游等,满足人们的旅游需求。

其次,构建融合发展平台。①建立体教文旅融合发展联盟,整合各方资源,形成合力。②搭建线上线下融合平台,实现资源共享、信息互通。③建立体教文旅融合发展基金,为融合发展提供资金支持。

最后,加强政策支持和引导。①制定体教文旅融合发展相关政策,明确发展目标和路径。②加大财政投入,为体教文旅融合发展提供资金保障。③加强人才培养和引进,为融合发展提供人才支持。

3.加强区域协同:推动区域间的体教文旅融合发展

①加强区域间的政策协调。各地区应加强政策沟通与协调,形成统一的发展目标和规划,为体教文旅融合发展提供政策支持。②整合区域资源,实现优势互补。各地区应充分挖掘自身优势资源,通过资源共享、优势互补,实现体教文旅融合发展。③加强区域间的交流与合作。各地区应加强交流与合作,通过举办各类活动,促进区域间的文化交流与合作,增进相互了解。④创新体教文旅融合发展模式。各地区应积极探索创新体教文旅融合发展模式,如体育旅游、文化教育旅游等,以满足不同群体的需求。

(三)市场运作

1.激发市场活力:充分发挥市场在体教文旅融合发展中的作用

①资源配置的优化。市场机制通过价格信号,引导资源向体教文旅领域流动,实现资源的最优配置。通过市场竞争,可以促进体教文旅领域的创新和发展,提高资源利用效率。

②激发创新活力。市场机制鼓励企业进行技术创新、管理创新和服务创新,以满足消费者多样化的需求。这有助于推动体教文旅领域的创新和发展,提高产品和服务的质量和水平。

③促进产业融合。市场机制通过产业链的延伸和拓展,促进体育、教育、文化和旅游等产业的相互融合,形成新的产业形态和商业模式,提高产业的整体竞争力。

2.创新商业模式:探索体教文旅融合发展的商业模式和盈利模式

①产业链整合模式。产业链整合模式是指将体育、教育、文化和旅游的各个环节进行整合,形成一个完整的产业链。这种模式可以充分发挥各个环节的优势,实现资源共享和优势互补。例如体育赛事可以与旅游相结合,吸引更多的游客参与;教育培训机构可以与旅游景点合作,提供

特色教育服务。

②平台化运营模式。平台化运营模式是指通过建立一个综合性的平台,将体育、教育、文化和旅游的资源进行整合和共享。这种模式可以降低运营成本,提高资源利用效率。例如可以建立一个在线平台,提供体育赛事、教育培训、旅游服务等一站式服务。

③特色化发展模式。特色化发展模式是指根据地区特点和资源优势,发展具有地方特色的体教文旅融合发展项目。这种模式可以满足不同消费者的需求,提高项目的吸引力和竞争力。例如可以发展以体育为主题的旅游项目,如登山、滑雪等;可以发展以教育为主题的旅游项目,如研学旅行、夏令营等。

④多元化收入模式。多元化收入模式是指通过多种渠道和方式获取收入,降低由单一收入来源带来的风险。例如可以通过门票销售、会员服务、广告合作、衍生品销售等多种方式实现盈利。

⑤增值服务模式。增值服务模式是指在基本服务的基础上,提供一些附加服务,满足消费者更高层次的需求,从而实现盈利。例如可以提供个性化的旅游定制服务、专业的体育培训服务、丰富的文化体验活动等。

⑥跨界合作模式。跨界合作模式是指与其他行业或领域进行合作,实现资源共享和互利共赢。例如可以与餐饮、住宿、交通等相关行业合作,提供一站式的旅游服务;可以与科技、金融等行业合作,开发新的产品和服务。

⑦政策支持模式。政策支持模式是指利用政府的政策支持和扶持,降低运营成本,提高盈利能力。例如可以申请政府的补贴和扶持资金,享受税收优惠等政策。

3.加强市场监管:保障体教文旅融合健康发展

①加强资源整合。政府、企业、社会组织等各方应加强合作,实现体育、教育、文化和旅游资源的有效整合,为融合发展提供基础。②完善政策支持。政府应出台更加具体、可操作的政策,加大对体教文旅融合发展

的支持力度,确保政策的落实和执行。③建立市场机制。通过市场机制的建立和完善,激发市场活力,引导资本、技术等要素向体教文旅融合发展领域集聚,推动产业升级。④培养专业人才。加强体教文旅融合发展领域的人才培养,提高从业人员的专业素质和创新能力,为体教文旅融合发展提供人才保障。⑤加强宣传推广。通过各种渠道和方式,加强对体教文旅融合发展的宣传推广,提高社会公众的认知度和参与度,营造良好的发展氛围。

(四)人才培养

1.加强教育培训:提高体教文旅从业人员的专业素质和能力

(1)加强专业培训和教育

这包括对从业人员进行系统的专业知识和技能培训,提高其专业理论水平和实践操作能力;同时,还应注重培养从业人员的创新意识和创新能力,鼓励其在实践中不断探索和创新,以适应体教文旅产业的发展需求。

(2)建立科学的人才选拔和评价机制

建立科学的人才选拔和评价机制,是提高体教文旅从业人员专业素质和能力的重要保障。这需要从选拔、培养、使用、评价等各个环节入手,形成一套科学、合理的人才管理机制。在选拔环节,要注重考察从业人员的专业素质和能力,选拔出真正具备专业素养的人才;在培养环节,要根据不同岗位和职责,制订个性化的培养计划,提高从业人员的专业素养;在使用环节,要充分发挥从业人员的专业优势,合理配置人才资源;在评价环节,要建立科学的评价体系,对从业人员的专业素质和能力进行全面、客观地评价。

(3)加强职业道德教育和职业精神培养

职业道德和职业精神是体教文旅从业人员专业素质的重要组成部分。加强职业道德教育和职业精神培养,有助于提高从业人员的职业责任感和使命感,增强其服务意识和奉献精神。这需要从以下三方面入手:一是加强职业道德教育,使从业人员充分认识到职业道德的重要性,自觉遵守职业道德规范；二是注重培养从业人员的职业精神，如团队协作精神、创新精神、奉献精神等；三是建立健全职业道德激励和约束机制，对表现优秀的从业人员给予表彰和奖励，对违反职业道德的行为进行严肃处理。

(4)营造良好的职业发展环境

营造良好的职业发展环境，有助于激发体教文旅从业人员的工作热情和创新动力，提高其专业素质和能力。这需要从以下四方面着手：一是加强政策支持和资金投入，为从业人员提供良好的工作条件和发展空间；二是建立公平、公正、透明的职业晋升机制，让从业人员看到职业发展的希望和动力；三是加强行业交流和合作，为从业人员提供学习和交流的平台，拓宽其视野和思路；四是关注从业人员的身心健康，为其创造一个和谐、宽松的工作环境。

(5)加强国际交流与合作

加强国际交流与合作，有助于提升体教文旅从业人员的专业素质和能力，拓宽其国际视野。这需要从以下三方面进行：一是积极参与国际体教文旅组织和活动，学习借鉴国际先进的理念和经验；二是加强与国际体教文旅机构的合作，引进国际优质资源，提升从业人员的专业素养；三是鼓励从业人员走出国门，参与国际交流和培训，提高其国际竞争力。

2.培养复合型人才：培养具备体教文旅融合发展能力的复合型人才

①加强学科交叉。在教育过程中，要加强不同学科之间的交叉融合，使学生能够掌握多方面的知识和技能。②强化实践教学。要注重学生的实践教学，让学生在实践中学习和掌握知识，提高实践能力。③建立校企合作机制。学校要与企业建立合作关系，为学生提供实习和就业的机会，让学生在实践中学习和成长。④创新人才培养模式。要根据不同领域的特点，创新人才培养模式，培养出具有创新精神和实践能力的复合型人才。⑤加强国际交流与合作。要积极开展国际交流与合作，引进先进的教育理念和方法，提高人才培养的质量和水平。

3.建立人才激励机制:激发体教文旅人才的创新精神和创业热情

第一,加强教育培训。通过教育培训,增强人才的创新意识和创业能力,培养他们的创新思维和创业精神。

第二,提供政策支持。政府和相关部门可以出台一系列政策,为体教文旅领域的创新和创业提供支持和便利。

第三,营造良好的创新氛围。通过举办各种创新大赛、创业沙龙等活动,营造一个鼓励创新、支持创业的良好氛围。

第四,加强产学研合作。加强高校、科研机构与企业的合作,促进创新成果的转化和应用,为创业提供更多的资源和支持。

第三节　"体教文旅"融合发展的保障

体育文化旅游产业稳定发展离不开有效的组织实施环节,因此,在政府的主导下有必要成立专业化的体育文化产业发展组织,通过体育文化产业发展组织与旅游和文化广电体育局之间协调配合,以及在政府的积极主导与引导的大环境下,来确立我国体育文化旅游产业发展目标、发展任务、空间布局和发展策略。

一、制度保障

(一)完善产业扶持政策,鼓励社会力量参与体育文化旅游产业

目前体育产业门类少、结构不均衡等因素制约了体育文化旅游产业的融合发展,因此必须完善各方面政策,鼓励社会力量积极参与体育文化旅游产业发展。

第一,针对有利于丰富体育文化产业门类的企业,适当推出优惠的财税政策,对这类企业的经营收入低征税,或者根据企业对当地产业发展贡献度实行税金抵扣政策,以此降低企业生产成本,激发企业生产活力。

第二,完善金融政策,鼓励国有商业银行大力支持体育文化旅游产业

发展,对有需要的民营企业提供信贷支持,开放绿色通道。

出门旅行对于人们的意义不再是简单的"到此一游",随着人们生活水平的不断提高,旅行更多的时候表明人们对精神生活需求的提升,更看重的是生活体验。一方面,体育旅游是一种体验性和互动性极强的旅游活动,通常是以某种体育赛事或体育文化元素为吸引物,吸引人们前往参观体验,因此,引进体育赛事,尤其是大型品牌体育赛事是可以促进地方经济社会发展的。当然,就发展旅游经济而言,举办体育赛事只是一种手段和方式,不是发展的目标,其价值不限于赛事本身,通过赛事的宣传和营销等,发挥其辐射相关行业产业的带动效应,当这种带动效应聚焦到一定程度的时候,必然会使当地旅游产业结构发生明显转变。另一方面,体育赛事同时也是体育文化的一种体现,伴随人群的规模性聚集,客观上会促进旅游经济产业链上各要素的发展,包括但不限于食、住、行、游、购、娱等方面。在体育精神传播、体育文化传承与创新和体育文化产品创意等方面也会带来积极影响,如此体育旅游在体育文化被发掘和发展的过程中逐渐有了更为丰富的人文内涵,体育文化旅游产业的发展便有了路径可循。

(二)政府引导,优化市场环境,提高体育赛事水平

在所有外部环境因素中,政府对体育文化产业与旅游产业的融合发展具有推进甚至是引领的关键作用。在全球化的进程中,有的发达国家为了最大限度地提高企业的利益,往往会从市场环境营造、政策调控等方面为产业发展创造更好的条件,以增强其市场竞争优势,如放宽投资政策,适当调整受控产业的准入机制等。这些措施都可以优化产业融合发展的环境。政策调控可以扩大产业融合发展的空间,同时机制创新又可以增强产业间融合的基础条件,多方位的扶持和鼓励,自然而然地就能激发产业发展活力,更有利于加速外部环境优化。

体育文化旅游融合发展领域的政策还有待完善。首先,政府应提供能够长期执行的政策条款,改善本地营商环境,有意识地吸引更多的相关企业进驻,逐步扩大市场规模,通过规模效应,活跃市场气氛;其次,根据行业发展所需,完善基础设施建设与公共服务平台建设,以过程化、动态

化的管理理念全程关注产业融合发展,保障优质企业能够引得进来,也能够管理得好,服务得好;最后,强化服务意识,通过提高行政办事效率和提升服务水平及质量,从基层一线开始就培养良好的服务意识,增强企业对政务服务的好感,建立和谐融洽的政商关系,使政务服务平台更好地成为政府与企业之间、企业与企业之间沟通的纽带。

目前,我国举办的国内大型赛事还屈指可数,然而大型赛事对体育文化产业发展的驱动力不可忽视,赛事效应不可估量,因此,应该借助我国文化、自然、地理等资源,加强政府的引导,提高体育赛事水平。第一,在成功举办全国大型赛事的基础上,积极邀请国外代表队参加;第二,加大对基础设施的建设,满足赛事需求,例如自行车公路赛、越野赛和挑战赛的赛道,以及运动栈道设施的建设等;第三,为代表队设置丰厚的奖项,并且为他们提供良好的比赛、住宿、交通等条件,鼓励他们积极参与;第四,积极引导企业、社会组织等对重大赛事的赞助,为企业和社会组织提供政策和基金的扶持,来调动他们的积极性;第五,通过国内各大网络、报纸、媒体等,对大型赛事进行宣传,提高赛事的影响力;第六,成立专门的赛事运营团队,做好赛事运营工作,扩大赛事的经济效益和社会效益。通过强化政府的建设和引导职能,提高体育旅游的基础设施建设水平。政府对于市场和社会大众来说,既是管理者,也是服务者。政府作为管理者,可以对市场发展进行适当调控,保障市场环境的稳定运行;作为服务者,可以根据市场需要和社会大众的需要有机调整政府服务职能,使政府的行为更有利于产业融合的发展。

二、资金保障

任何产业的发展都离不开充足资金的保障,体育文化旅游发展是一项大的系统工程,涉及的行业广、领域多,对资金的需求量也大,因此既要有多元的渠道拓宽资金来源,又要有科学的资金管理机制,确保资金使用落到实处。我国旅游业转型发展仍处于初始阶段,产业结构正在优化,更需要科学地统筹发挥资金效能。

（一）财政专款专用，加大对体育文化旅游产业发展的资金投入力度

我国体育文化产业的发展以体育竞赛观赏业、体育旅游业为主，而资金的投入在一定程度制约了它们的发展。如承办一次大型赛事不仅需要人力、物力，还需要资金支持，资金的投入力度直接决定赛事的影响力；我国对体育旅游业的开发力度还远远不够，如对景区的规划与设计、景区基础设施的建设、景区的宣传等投入力度还不够。因此，首先，必须设立专项资金，增加财政资金对体育文化旅游产业发展的支出比重，做到专款专用。在资金调度上又要做到有所侧重，就目前而言，要最大限度为体育竞赛表演业、体育文化开发和体育旅游业提供资金支持，特别是职业性体育赛事、群众性体育赛事，旅游基础设施方面，着重为赛事和文化品牌的开发、管理和运营提供资金保障。在产业协同发展上，要兼顾居于弱势的体育旅游周边产业，如体育文化产品制造业、体育文化传媒业等，尤其是容易被人们忽视的传统体育文化开发，使优势产业更强，弱势产业逐渐变强，并慢慢凸显地方特色，最终使我国体育文化各产业门类并驾齐驱蓬勃发展。

（二）拓宽融资渠道，丰富体育文化旅游产业发展资金链

政府的投资方向会起到很好的引导作用，从而吸引外部资金介入。一个产业的发展，政策上受政府调控影响，运作上需要企业进入，企业的运作少不了大量资金的支持。我国政府在运作产业项目时经常需要引入社会资本，在融资渠道上，除了政府资金的支持，还可以通过多方招商、国有银行、申请地方债券等方式丰富资金链条，确保资金来源多元化，降低因资金断链而导致产业破产的风险。

三、人才保障

（一）拓宽人才培养渠道，创建体育文化旅游产业人才储备库

我国拥有着丰富的体育资源，在政府政策的鼓励和引导下，体育旅游有着巨大的市场发展潜力，但是人才的缺乏是制约我国体育旅游发展的关键因素。高端体育旅游事业的发展，必须有高素质、高专业水平的人才

来完成。人才的培养离不开高等学校的培育,因此今后应走政校企联合发展的道路,依托高校体育师资的优势,实行定向培养计划,为我国体育文化旅游产业输送源源不断的人才,同时也能为大学生提供就业机会。

首先,高校是培养人才的重要阵地,各大高校应结合旅游产业发展的实际需求,有意识地关注体育产业在旅游业发展中的新形势新特点,建立体育旅游相关学科,加强社会组织体系中政府有关管理部门和行业代表企业及高校之间的合作。一方面,高校可以根据体育旅游企业发展状况及其提供的最新信息了解体育旅游行业的市场需求及变化,有助于高校及时调整教学方案,更有针对性地提高人才培养质量;另一方面,高校提升人才培养质量,有利于盘活政府、企业、学校之间的联合人才培养机制,使人才的产出更能适应政府管理需求和企业发展需要,甚至可以直接实现教学到具体岗位的订单式人才培养。自主人才培养可以有效提升产业长期发展的核心竞争力,为高端专业人才培养打下坚实基础,最终为我国的体育旅游产业发展提供可靠人才保障。

其次,拓宽相关产业人才培养渠道,坚持"走出去"和"引进来"两手抓,两手都要硬的原则,学习先进产业经营与管理的经验;引进优秀产业人才,发挥行业专家的"传帮带"作用,对本土人才进行培训,不断提高产业人才能力。

在经济结构优化中,文化内涵的深度挖掘与渗透融合使得现代旅游产业的边界变得模糊。就体育文化产业和旅游产业而言,二者都是体验度极高的产业,人们在消费需求选择上有意无意地都会有双重目的性,既要活动身体,又要娱乐身心、陶冶性情。在技术升级改革的驱动下,人才不断走向高端,技术不断进步,体育文化产业和旅游产业在内容的匹配度上越来越高,促使体育文化产业越来越走向高端,旅游产业结构随之不断升级,从而为不断增长变化的大众需求提供有效消费供给。体育文化旅游产业融合进程的加速,促使体育文化旅游业资源配置得到优化,产业结构得以扩充,推动整个产业的联动和更新,实现资源结构和产业成长模式的创新。而这种创新的关键一环就是人才的支撑,因此必须加强人才储备。

(二)完善体育文化旅游产业人才激励机制

体育产业是文化产业体系中一个重要分支,其巨大的影响力和超强渗透性对旅游业有着非常明显的促进作用,尤其是在自媒体快速发展的环境下,体育产业发展对相关产业的推动作用可以快速延展到旅游等相关行业,这样明显的作用是其他产业无法替代的。目前,国内旅游和文化产业之间的融合还处于起步阶段,发展条件并不成熟,因此必须快速优化产业结构。鉴于此,体育文化旅游产业方面的人才在岗位工作上更需要努力和创新,要激发人才的工作积极性、创造性和工作活力,就必须有一套科学合理的激励机制。一是在基本薪资待遇方面,我国不能低于同行业平均薪资水平,甚至要略高于旅游业发达区域才能具备基本的吸引力;二是要搭建好平台激励机制,对有意向加入我国体育文化旅游产业发展大局中的人才,要有能够拿得出手的岗位和平台供人才选择,增强地区人才吸引力;三是要有一定的奖励机制,奖励的形式不局限于资金奖励,可以是荣誉、福利待遇或其他形式的奖励,增强人才的荣誉感和归属感。

(三)合理使用人才资源,加强体育文化旅游产业人才的管理

体育文化产业人才的缺乏是制约我国体育文化产业全面发展的重要原因。我国体育文化产业要想全面而迅速地发展,不仅要注重产业人才的数量,使其遍布产业各个门类,更要注重产业人才的质量,使其具备一专多能的能力;不仅要拥有人才,更重要的是要合理利用人才,发挥人才资源在相应领域的作用,必须对人才进行分类和管理。因此,我们必须加强对现有人才和新引进人才的分类,依据其学历、专业领域和原有工作岗位等因素,制定人才分类体系,便于加强人才管理;必须建立长效的人才考核机制。人才引进之后,不是放在数据库中充当门面,而是要放在工作岗位上发挥其专业价值。所以要简化人才考核机制,对各领域的人才展开集中测评,对能够完成岗位任务,在岗位上积极创新的人才要予以肯定;同时对工作不力,不愿创新作为,人才价值体现不明显的人才也要有退出机制,始终保障人才队伍的活力和创新力。

四、科技保障

(一)技术平台保障

1.通过各类多媒体平台加大对体育文化旅游品牌的宣传力度,提高体育文化旅游产业的影响力

加大对体育文化旅游品牌的宣传力度,是提高体育文化旅游产业影响力的必备环节。首先,通过传统的报纸、电视、广播等形式对体育赛事、体育旅游、体育健身、体育文化等进行全方位的宣传,积极营造浓厚的文化宣传氛围。其次,要设立专门的体育赛事转播频道、体育报刊、体育赛事直播自媒体平台等,使大众能够及时而准确地获取与赛事相关的信息。再次,在全国范围内,通过线上线下多种手段,加强对体育文化品牌的宣传力度,例如在全省乃至全国部分高铁站点和列车上投放宣传广告,在各省市户外传媒投放宣传动画,以品牌为依托加大对顶级赛事的赞助力度,提高品牌的曝光率。最后,通过官网门户等网络平台,设立专栏推广品牌项目,并通过微博、微信等平台传播到群众中去,鼓励大众积极参与体育文化旅游产业发展,增强全民健身意识、产业意识。

2.坚定"四个自信",全面落实中央关于文化和旅游工作的决策部署,推动文化建设和旅游发展取得新成效

我国是文化大国,也是发展中的文化强国,在发展体育文化旅游产业上,应该有也必须有这样的自信。要利用"互联网+"技术,整合生态、人文、社会等各类旅游相关资源,深度开发本土文化资源,丰富体育文化旅游的表现形式,提升旅游品牌质量。体育文化旅游产业的本质是内容产业,内容是实而不是名,真正决定产业核心竞争力水平的是其内容价值。而体育文化产业和旅游产业的结合,其核心所在就是文化。博大精深的中国历史造就了丰厚的文化底蕴,其中源远流长的体育文化更是不胜枚举。当今是信息快速传递和转化的时代,文化资源的开发、利用、传承及可持续发展离不开互联网平台和应用科技的支持。而文化传媒企业是新科技新技术应用于文化传承发扬和文化内涵再现的主要力量之一,因此要加强与文化开发、文化传媒企业平台的合作,运用企业力量,增强传统文化的活力和表现力,使本土文化能以更多彩的形式与体育、旅游融合发展,增强游客体验感和满意度。

体育旅游正是"以人为本"的文化旅游资源外在价值的具体体现,因此,融合了体育文化的旅游资源具备了知识经济时代的特征,即丰富的知识性,开发利用的持续性,形式多样的创造性。产业融合发展既是过程也是结果,在开发、整合和利用的过程中必须强调对历史文化的保护,坚守可持续发展的原则,科学有序地开发体育人文资源,促进传统体育文化的保护与传承,同时也可以增强对体育文化旅游的吸引力。

(二)软硬件装备保障

科学技术的发展日新月异,新技术、新装备层出不穷,这个时代是"互联网+"的"大数据"时代,社会信息资源的高度整合和共享大大提高了信息传递的效率,同时新技术、新装备在旅游业的应用也大大提高了旅游业的发展水平和服务质量,增强了人们的旅游体验。要提升体育文化旅游产业技术保障水平,一是要加大调研学习力度,借鉴学习国内外先进旅游城市的做法和经验,尤其是到现代化气息浓厚的新建景区景点考察,从观念上加强技术保障意识;二是引进高技术装备,提升项目管理和服务水平,针对有条件的项目或区域,重点打造旅游科技应用示范区,如体育文化主题公园;三是引进软件技术,努力打造旅游产业大数据中心,全方位把握相关行业发展数据,为体育文化旅游产业发展提供数据支撑。

参考文献

[1]李菊花.体教融合背景下农村体育教师核心素养研究[M].长春:吉林人民出版社,2023.

[2]李科.高校体育改革践行体教融合路径研究[M].长春:吉林大学出版社,2023.

[3]吴佐,刘翀,刘昱材.体教融合下高校体育教学创新研究[M].长春:吉林科学技术出版社,2023.

[4]任定猛,袁博.体教融合青少年阳光体育指导丛书校园足球教学指导[M].北京:北京体育大学出版社,2023.

[5]朱玉莲."互联网＋基础教育"精准供给模式研究[M].秦皇岛:燕山大学出版社,2023.

[6]刘思思,孙玮,朱蕾.翻转课堂与英语课程教学法研究[M].北京:中国商务出版社,2023.

[7]于善.体教融合背景下青少年体质健康发展探究[M].长春:吉林人民出版社,2022.

[8]石陆.体教融合下的青少年全面健康与发展研究[M].长春:吉林大学出版社,2022.

[9]王迪.体教融合下大学体育与健康[M].北京:北京体育大学出版社,2022.

[10]任延东,连文冲,康宁.体教融合下高校体育与健康教育指导教程[M].北京:北京体育大学出版社,2022.

[11]林晓滔.体教融合背景下学校体育的发展与创新思考[M].北京:人民日报出版社,2022.

[12]翟丰.我国竞技体育与学校体育融合发展研究[M].徐州:中国矿业

大学出版社,2021.

[13]刘梅.体教融合下大学生体育与健康教育指导[M].北京:北京体育大学出版社,2021.

[14]阮可,卫军英.文旅融合的基层实践[M].杭州:浙江大学出版社,2020.

[15]庄莹.曲江智造文旅融合实践与观念[M].北京:中国经济出版社,2022.

[16]锋琳.休闲体育与文旅融合的发展研究[J].经济研究导刊,2021(24):121-123.

[17]汪逢生,王凯,李冉冉.体育产业与文旅产业融合发展机制、模式及路径[J].体育文化导刊,2022(1):85-91.

[18]杨梨凤,锋琳.休闲体育与文旅融合的发展研究[J].休闲,2020(26):52-53.

[19]]刘宁.体育旅游与传统文化融合发展研究[J].体育风尚,2022,(16),119-121.

[20]曲永鹏,聂晓梅.文体旅融合视域下体育休闲旅游发展路径研究[J].体育科技文献通报,2023(6):231-234.

[21]钟华美.文旅融合背景下乡村旅游产业融合发展理论分析[J].资源开发与市场,2020(4):421-426.

[22]尹莉君,高雪婷.体育特色村庄助力乡村振兴的逻辑思路及实践路径[J].湖北体育科技,2023(9):787-792.

[23]龙珠.文旅融合背景下研学旅行发展的趋势探究[J].漫旅,2023(4):150-152.

[24]宋慧娟.文旅融合背景下旅游高职教育创新发展研究[J].辽宁高职学报,2023(3):18-21,45.

[25]刘凡.河南文旅融合发展的思路与对策研究[J].文化产业,2022(11):117-119.

[26]李倩倩.文旅融合背景下的红色旅游创新发展[J].旅游纵览,2023

(12):136-138.

[27]岑东莲.以党史学习教育为引领推动文旅融合发展——以东莞市文化馆为例[J].文艺生活(下旬刊),2021(7):259-260.

[28]汤琳娜,徐茂武,金心亦.文化场景推动城市文旅融合发展[J].文化产业,2023(34):145-147.

[29]成虹.文旅融合助力红色文化旅游发展[J].文化产业,2023(23):157-160.

[30]颜廷利.乡村旅游发展中的文旅融合途径探究[J].佳木斯大学社会科学学报,2022(2):57-59.